Construire son PC surpuissant

William Kergroach

Table des Matières

coûts sur d'autres (boîtier, stockage)

3. Comprendre les Composants du PC

- Le Processeur (CPU)
    - Importance du choix du CPU pour la performance globale
    - Comparaison entre différentes générations et modèles
    - Comment identifier un CPU offrant un excellent rapport qualité/prix
- La Carte Mère (Motherboard)
    - Sélectionner une carte mère compatible mais économique
    - Comprendre les fonctionnalités essentielles et les options supplémentaires dont vous pouvez vous passer
- La Mémoire Vive (RAM)
    - Choisir la bonne capacité et la bonne vitesse sans excès
    - Utiliser des marques alternatives offrant des performances similaires à moindre coût

- La Carte Graphique (GPU)
    - Comparaison des GPU pour un usage intensif (gaming, modélisation 3D)
    - Identifier les périodes de baisse des prix et les alternatives d'occasion
- Le Disque Dur et les SSD
    - Choisir entre SSD et HDD en fonction des performances et du prix
    - Combiner SSD pour le système d'exploitation et HDD pour le stockage massif
- Le Boîtier (Case)
    - Comment économiser sur le boîtier sans sacrifier la ventilation ou la compatibilité
    - Rechercher des modèles sans fioritures mais bien ventilés
- L'Alimentation (PSU)
    - Calculer la puissance nécessaire avec précision pour ne pas

surinvestir

- Choisir des PSU certifiés mais économiques

- Le Système de Refroidissement

  - Choisir un système de refroidissement adapté sans excès

  - Comparer refroidissement par air vs liquide en termes de coût/efficacité

- Périphériques et Accessoires

  - Rechercher des options de périphériques performants mais abordables

  - Réutiliser des périphériques existants pour économiser

4. Préparation : Outils et Espace de Travail

- Liste des outils nécessaires

- Préparer un espace de travail propre et sécurisé

- Considérations de sécurité (électricité statique, précautions)

5. Étape 1 : Préparer le Boîtier

- Illustration : Déballer et préparer le boîtier
- Installation des entretoises pour la carte mère
- Gestion des câbles

6. Étape 2 : Installer le Processeur et la RAM sur la Carte Mère

- Illustration : Comment installer le processeur
- Application de la pâte thermique
- Installation de la RAM dans les bons slots

7. Étape 3 : Monter la Carte Mère dans le Boîtier

- Illustration : Positionner la carte mère et visser les entretoises
- Connecter les câbles de base (alimentation, ventilateurs)

8. Étape 4 : Installer le Système de Refroidissement

- Illustration : Installation des

Introduction

Qu'est-ce qu'un ordinateur surpuissant ?

Un PC peut être considéré comme "surpuissant" lorsqu'il présente des performances exceptionnelles, largement au-dessus de la moyenne des configurations standards disponibles sur le marché. Voici quelques critères spécifiques pour classer un PC dans cette catégorie en 2024 :

1. Processeur (CPU)

- **Type** : Les processeurs surpuissants sont souvent des modèles de la gamme supérieure des fabricants. Par exemple :
  - **Intel** : Core i9-13900K ou Core i9-14900K, avec 16 à 24 cœurs et des fréquences d'horloge atteignant ou dépassant 5,5 GHz en turbo.
  - **AMD** : Ryzen 9 7950X ou Ryzen 9 7950X3D, avec 16 cœurs/32 threads

et des performances optimisées pour les tâches lourdes telles que le gaming à haute résolution ou le rendu 3D.

- **Performance** : Ces processeurs sont capables de gérer sans effort des tâches intensives comme le streaming 4K, le montage vidéo à haute résolution, et les jeux en 4K ou 8K à haute fréquence d'images.

2. Carte Graphique (GPU)

- **Type** : Les cartes graphiques surpuissantes sont celles qui se situent au sommet de la gamme actuelle. Par exemple :
  - **NVIDIA** : GeForce RTX 4090, avec 24 Go de VRAM GDDR6X, capable de gérer les jeux en 8K et les charges de travail de calcul intensif comme le ray tracing en temps réel et l'IA.
  - **AMD** : Radeon RX 7900 XTX, offrant des performances exceptionnelles en 4K et des capacités élevées pour les tâches créatives comme le rendu et le montage vidéo.
- **Performance** : Un GPU surpuissant peut maintenir des taux de rafraîchissement élevés en 4K (120 Hz et plus), prendre en charge plusieurs moniteurs haute résolution, et exécuter des tâches graphiques intensives avec facilité.

3. Mémoire Vive (RAM)

- **Capacité** : Un PC surpuissant dispose généralement d'au moins 32 Go de RAM, souvent 64 Go ou plus pour les utilisateurs professionnels.
- **Type et Vitesse** : La RAM DDR5 à haute fréquence (6000 MHz et plus) avec des latences basses est la norme pour ces machines. Elle permet une gestion fluide du multitâche, des applications lourdes et des environnements de machines virtuelles.

4. Stockage

- **Type** : Les PC surpuissants utilisent des SSD NVMe PCIe 4.0 ou même PCIe 5.0, qui offrent des vitesses de lecture/écriture supérieures à 7000 Mo/s.
- **Capacité** : Typiquement, ces systèmes disposent de plusieurs téraoctets de stockage SSD, souvent configurés en RAID pour encore plus de performances ou de sécurité.

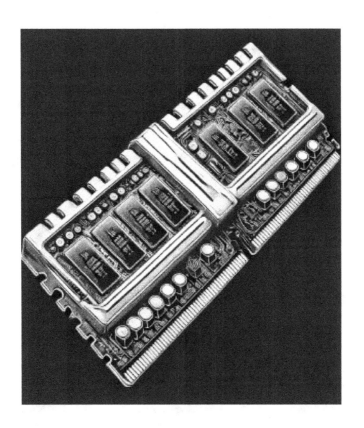

5. Refroidissement et Alimentation

- **Refroidissement** : Un refroidissement liquide personnalisé ou un AIO (All-In-One) de haute performance est souvent utilisé pour gérer la chaleur générée par des composants aussi puissants, notamment lors de l'overclocking.

- **Alimentation (PSU)** : Une alimentation de 1000W à 1200W, certifiée 80 PLUS Gold ou Platinum, est courante pour fournir une puissance stable aux composants gourmands en énergie.

6. Autres Caractéristiques

- **Connectivité** : Les cartes mères surpuissantes offrent des ports PCIe 5.0, plusieurs ports USB-C/Thunderbolt 4, et une connectivité réseau de pointe avec du Wi-Fi 6E et un port Ethernet 10 Gb.

- **Moniteur** : Un écran avec une résolution 4K (ou plus), un taux de rafraîchissement élevé (144 Hz ou plus), et la prise en charge du HDR véritable (HDR1000) est souvent associé à ces configurations.

Usage Type d'un PC Surpuissant

Un PC surpuissant est conçu pour des tâches extrêmes :

- **Gaming** : Capable de jouer à tous les jeux actuels en 4K avec des réglages maximums tout en maintenant des taux de rafraîchissement élevés.
- **Création de Contenu** : Parfait pour le montage vidéo en 4K/8K, le rendu 3D en temps réel, et les applications de design assisté par ordinateur (CAD).
- **Calcul Scientifique** : Utilisé dans des environnements professionnels pour le calcul haute performance, l'apprentissage automatique, et les simulations complexes.

Conclusion

Un PC est considéré surpuissant lorsqu'il combine les composants les plus performants disponibles, capable de gérer les tâches les plus exigeantes sans compromis sur la vitesse, la qualité visuelle, ou la stabilité. C'est une machine destinée à ceux qui nécessitent des performances extrêmes pour le gaming, la création, ou les travaux scientifiques intensifs.

Pourquoi Construire un PC Super-Puissant ?

Si vous avez toujours rêvé d'avoir un ordinateur qui réponde exactement à vos besoins, que ce soit pour jouer aux derniers jeux vidéo, travailler sur des projets créatifs, ou simplement pour avoir une machine rapide et efficace, construire votre propre PC peut être une aventure très gratifiante. Cela peut sembler un peu intimidant au début, surtout si vous n'y connaissez pas grand-chose en informatique, mais rassurez-vous : avec un peu de patience et les bonnes explications, c'est tout à fait faisable !

Construire son propre PC, c'est un peu comme assembler un puzzle. Vous choisissez chaque pièce en fonction de ce que vous voulez faire avec votre ordinateur, et vous les assemblez pour obtenir exactement ce que vous voulez, sans payer pour des choses dont vous n'avez pas besoin. En plus, en construisant votre propre machine, vous pouvez souvent économiser de l'argent par rapport à l'achat d'un ordinateur déjà monté en magasin, tout en obtenant des performances bien supérieures.

L'idée ici, c'est de vous montrer pas à pas comment créer un PC super-puissant sans dépenser une fortune. Vous allez apprendre à choisir les bons composants, à les assembler, et à faire en sorte que tout fonctionne parfaitement ensemble. Et ne vous inquiétez pas si vous n'y connaissez rien pour le moment, ce guide est conçu pour vous accompagner à chaque étape, avec des explications simples et des illustrations pour vous aider à comprendre.

Avantages et Inconvénients

Avantages :

- Faire des économies : En construisant votre propre PC, vous pouvez choisir des pièces qui offrent le meilleur rapport qualité/prix, ce qui vous permet de dépenser votre argent intelligemment.

- Avoir exactement ce que vous voulez : Vous pouvez personnaliser votre ordinateur pour qu'il soit exactement comme vous le souhaitez, en choisissant les composants qui correspondent à vos besoins spécifiques.

- Apprendre en construisant : Même si vous n'y connaissez rien pour l'instant, vous apprendrez beaucoup en construisant votre PC. Et ces compétences vous seront utiles pour l'entretenir et le mettre à jour à l'avenir.

- La fierté du fait-maison : Il y a quelque chose de vraiment satisfaisant à utiliser un ordinateur que vous avez assemblé vous-même. C'est un projet que vous pouvez être fier d'avoir réalisé.

Inconvénients :

- Ça prend du temps : Construire un PC demande un peu de temps, surtout si c'est votre première fois. Il faut être prêt à lire, à comprendre, et à suivre les étapes avec attention.

- Risque d'erreurs : Comme pour tout projet manuel, il y a toujours un petit risque de faire une erreur. Mais pas de panique, ce guide est là pour vous aider à les éviter et à les corriger si besoin.

- Les garanties : Chaque composant que vous achetez aura sa propre garantie. Cela signifie que si quelque chose ne fonctionne pas, vous devrez peut-être contacter plusieurs entreprises pour régler le problème, au lieu d'une seule si vous aviez acheté un PC tout fait.

Aperçu des Étapes Principales

Construire un PC, c'est comme suivre une recette de cuisine : il faut simplement suivre les étapes une à une. Voici un petit aperçu de ce que nous allons faire ensemble :

1. Choisir les Composants : On commence par choisir les pièces dont vous aurez besoin. C'est comme faire les courses avant de cuisiner. On va voir comment choisir chaque composant, du processeur (le cerveau de l'ordinateur) à la carte graphique (pour les jeux et les vidéos), en passant par la mémoire (RAM) et le stockage (pour sauvegarder vos fichiers).

2. Préparer l'Espace de Travail : Avant de commencer à assembler, on va préparer un petit coin bien rangé et sécurisé pour travailler. Pas besoin de grand-chose, juste un espace propre et un peu de patience.

3. Assembler le PC : C'est l'étape la plus excitante ! On va assembler toutes les pièces comme un puzzle, en les connectant entre elles pour créer votre ordinateur. Je vous expliquerai chaque étape en détail, avec des illustrations pour vous guider.

4. Vérifier que tout fonctionne : Une fois que tout est en place, on va allumer le PC pour s'assurer que tout fonctionne correctement. Si quelque chose ne va pas, je vous montrerai comment résoudre les petits problèmes qui peuvent survenir.

5. Installer le Système d'Exploitation : Enfin, on va installer le logiciel qui fera fonctionner votre PC, comme Windows ou un autre système d'exploitation. C'est la dernière étape avant de pouvoir utiliser votre nouvelle machine !

6. Optimiser les Performances : Une fois que votre PC est en marche, on pourra voir comment le rendre encore plus rapide et efficace avec quelques astuces simples.

Avec ce guide, vous n'avez pas besoin d'être un expert pour construire un ordinateur super-puissant à moindre coût. Il suffit de suivre les instructions, de prendre votre temps, et vous verrez que c'est un projet tout à fait à votre portée. Et en plus, vous apprendrez plein de choses en cours de route !

2. Stratégies pour Optimiser les Coûts sans Compromettre les Performances

Lorsque vous construisez votre propre PC, il est possible d'obtenir une machine très puissante sans dépenser une fortune. Voici quelques astuces simples pour économiser de l'argent tout en gardant un PC performant.

Acheter des Composants en Promotion

Les magasins en ligne et les boutiques spécialisées proposent souvent des promotions ou des soldes sur les composants informatiques. Par exemple, pendant le Black Friday ou les soldes d'été, vous pouvez trouver des pièces comme des processeurs ou des cartes graphiques à prix réduits. Il suffit de surveiller ces périodes pour faire de bonnes affaires. En achetant vos composants en promotion, vous économisez de l'argent sans sacrifier la qualité.

Opter pour des Composants d'Occasion ou Reconditionnés

Acheter des composants d'occasion ou reconditionnés est une autre façon d'économiser. Les composants d'occasion sont des pièces qui ont déjà été utilisées mais qui fonctionnent encore très bien. Les composants reconditionnés sont des pièces qui ont été renvoyées au fabricant pour être réparées et vérifiées avant d'être revendues à un prix réduit. Ces options permettent d'obtenir des pièces performantes à moindre coût, tout en respectant votre budget.

Rechercher des Alternatives Moins Chères mais Performantes

Parfois, il existe des alternatives moins chères à certaines marques ou modèles populaires. Par exemple, les processeurs AMD Ryzen offrent souvent des performances comparables aux processeurs Intel, mais à un prix plus abordable. De même, certaines cartes graphiques moins connues peuvent offrir d'excellentes performances pour un prix inférieur. Il s'agit de trouver le bon compromis entre prix et performance.

Comprendre le Concept de « Meilleur Rapport Qualité/Prix »

Le "meilleur rapport qualité/prix" signifie obtenir le maximum de performance pour chaque euro dépensé. Cela ne veut pas dire acheter le composant le moins cher, mais plutôt celui qui offre les meilleures performances pour son prix. Par exemple, un processeur qui coûte un peu plus cher mais qui est beaucoup plus rapide peut être un meilleur investissement qu'un processeur bon marché qui devient vite dépassé. Le but est de maximiser les performances tout en restant dans votre budget.

Investir dans les Composants Clés tout en Réduisant les Coûts sur d'Autres

Pour construire un PC puissant à moindre coût, il est important de savoir où investir votre argent. Les composants clés comme le processeur (CPU) et la carte graphique (GPU) ont un impact majeur sur les performances de votre ordinateur, il vaut donc la peine d'y investir un peu plus. En revanche, d'autres éléments comme le boîtier ou le disque dur (stockage) n'ont pas besoin d'être les plus chers pour que votre PC fonctionne bien. Vous pouvez donc économiser sur ces pièces sans compromettre les performances globales de votre machine.

En suivant ces stratégies, vous pouvez construire un PC puissant et fiable sans dépasser votre budget. Il suffit de faire des choix intelligents et de prendre le temps de comparer les options.

3. Comprendre les Composants du PC

Construire un PC commence par comprendre les différentes pièces qui le composent. Le processeur, souvent appelé CPU (Central Processing Unit), est l'un des composants les plus importants. C'est le cerveau de votre ordinateur, celui qui exécute les instructions et gère toutes les tâches que vous lui demandez de faire. Voici ce qu'il faut savoir pour bien choisir votre processeur.

Le Processeur (CPU)

CPU

Importance du Choix du CPU pour la Performance Globale

Le CPU joue un rôle crucial dans la performance de votre PC. Plus il est puissant, plus votre ordinateur sera capable de gérer rapidement des tâches complexes, comme le montage vidéo, les jeux vidéo récents, ou le multitâche avec plusieurs applications ouvertes en même temps. Si le CPU est trop lent ou dépassé, votre ordinateur risque de ramer, c'est-à-dire de prendre du temps pour exécuter des tâches, même simples. C'est pourquoi il est important de choisir un processeur adapté à vos besoins.

Comparaison entre Différentes Générations et Modèles

Les processeurs sont disponibles en plusieurs générations et modèles. Les deux grands fabricants sont Intel et AMD. Chaque nouvelle génération de processeurs est généralement plus rapide et plus efficace que la précédente. Par exemple, un processeur Intel Core i7 de 10e génération est plus performant qu'un Core i7 de 8e génération.

En plus des générations, il existe différents modèles au sein de chaque génération. Par exemple, chez Intel, vous trouverez les Core i3, Core i5, Core i7 et Core i9, qui vont du plus basique au plus puissant. De même, AMD propose les Ryzen 3, Ryzen 5, Ryzen 7 et Ryzen 9.

Un modèle plus récent ou plus haut de gamme

(comme un Core i7 ou un Ryzen 7) offre généralement de meilleures performances, mais il est aussi plus cher. Si vous avez un budget limité, il peut être judicieux de choisir un modèle de génération précédente ou un modèle milieu de gamme qui offre toujours de bonnes performances pour un prix plus abordable.

Comment Identifier un CPU Offrant un Excellent Rapport Qualité/Prix

Pour trouver un CPU avec un bon rapport qualité/prix, voici quelques conseils simples :

1. Regardez les Benchmarks : Les benchmarks sont des tests de performance réalisés par des experts pour comparer différents processeurs. Vous pouvez trouver ces résultats en ligne. Cherchez un processeur qui obtient de bons scores dans les tâches que vous comptez réaliser (comme les jeux ou le travail créatif) tout en étant dans votre budget.

2. Comparez les Générations : Parfois, acheter un processeur de génération précédente peut être une excellente affaire. Il est souvent moins cher que le modèle le plus récent, mais offre des performances très

similaires.

3. Évaluez Vos Besoins : Si vous utilisez votre PC pour des tâches simples comme la navigation sur Internet ou la bureautique, un processeur milieu de gamme (comme un Intel Core i5 ou un AMD Ryzen 5) suffira largement. Pour le gaming ou le montage vidéo, un modèle plus puissant sera nécessaire.

4. Surveillez les Promotions : Les processeurs sont souvent en promotion, surtout lors de lancements de nouvelles générations. Profitez de ces moments pour obtenir un modèle plus performant à un prix réduit.

En choisissant un CPU adapté à vos besoins, vous assurez que votre PC fonctionne de manière fluide et rapide, sans avoir à dépenser plus que nécessaire. Le processeur est vraiment le cœur de votre machine, donc prendre le temps de bien le choisir est essentiel pour réussir votre projet de construction de PC.

La Carte Mère (Motherboard)

La carte mère est le composant central de votre PC. C'est elle qui relie tous les autres composants entre eux, comme le processeur (CPU), la mémoire vive (RAM), la carte graphique (GPU), et le stockage. Choisir la bonne carte mère est essentiel pour s'assurer que tous vos composants fonctionnent bien ensemble. Voici comment sélectionner une carte mère compatible et économique, en comprenant les fonctionnalités essentielles et celles dont vous pouvez vous passer.

Sélectionner une Carte Mère Compatible mais Économique

Lorsque vous choisissez une carte mère, la première chose à vérifier est qu'elle est compatible avec les autres composants, en particulier le processeur et la RAM.

1. Compatibilité avec le Processeur (CPU) : Chaque processeur a un type de socket spécifique, c'est l'endroit où il se connecte à la carte mère. Par exemple, un processeur Intel Core i5 de 10e génération utilise un socket LGA 1200, alors qu'un AMD Ryzen 5 utilise un socket AM4. Assurez-vous que la carte mère que vous choisissez a le bon socket pour votre processeur.

2. Compatibilité avec la RAM : La carte mère doit également être compatible avec la mémoire vive (RAM) que vous souhaitez utiliser. Cela signifie qu'elle doit supporter le bon type de RAM (comme DDR4 ou

DDR5) et avoir suffisamment de slots pour la quantité de RAM que vous voulez installer.

3. Taille et Format de la Carte Mère : Les cartes mères existent en plusieurs tailles, comme ATX (taille standard), Micro-ATX (plus petite), et Mini-ITX (très compacte). Le format que vous choisissez doit être compatible avec votre boîtier, mais les plus grandes cartes mères ont généralement plus de ports et de fonctionnalités. Choisissez le format qui correspond à vos besoins sans dépenser plus que nécessaire.

Pour trouver une carte mère économique, concentrez-vous sur les modèles de milieu de gamme qui offrent les fonctionnalités dont vous avez besoin sans trop de fioritures. Les cartes mères des générations précédentes peuvent aussi être une bonne option pour économiser de l'argent, tant qu'elles sont compatibles avec vos autres composants.

Comprendre les Fonctionnalités Essentielles et les Options Supplémentaires dont Vous Pouvez Vous Passer

Les cartes mères offrent une multitude de

fonctionnalités, mais toutes ne sont pas indispensables pour tout le monde. Voici les principales caractéristiques à considérer et celles dont vous pouvez vous passer si vous voulez économiser.

1. Fonctionnalités Essentielles :

- Nombre de Ports USB : Assurez-vous que la carte mère a suffisamment de ports USB pour tous vos périphériques (souris, clavier, disque dur externe, etc.).

- Emplacements PCIe : Ces emplacements permettent d'ajouter des cartes comme la carte graphique. Pour la plupart des utilisateurs, un ou deux emplacements PCIe suffisent.

- Emplacements pour Disques durs/SSD : La carte mère doit avoir suffisamment de connexions pour le nombre de disques durs ou SSD que vous souhaitez installer.

- Connecteurs d'alimentation : Vérifiez que la carte mère est compatible avec votre alimentation (PSU) et dispose des bons connecteurs pour le processeur et la carte graphique.

2. Options Supplémentaires dont Vous Pouvez Vous Passer :

- Wi-Fi Intégré : Si vous utilisez toujours une connexion Internet câblée (Ethernet), vous n'avez pas besoin de payer un supplément pour une carte mère avec Wi-Fi intégré.

- LED RGB et Éclairage : Certaines cartes mères sont équipées de lumières LED pour des effets esthétiques. C'est joli, mais ça n'améliore pas les performances de votre PC. Vous pouvez économiser en choisissant un modèle sans ces options.

- Nombre excessif de Ports PCIe ou SATA : Si vous ne prévoyez pas d'ajouter plusieurs cartes graphiques ou beaucoup de disques durs, une carte mère avec un grand nombre de ports PCIe ou SATA n'est pas nécessaire.

- Audio Haut de Gamme : À moins d'être un audiophile ou un créateur de contenu audio, les cartes mères avec des cartes son haut de gamme intégrées ne sont pas indispensables. Un modèle standard fait très bien l'affaire pour la plupart des utilisateurs.

En résumé, pour choisir une carte mère, concentrez-vous sur la compatibilité avec votre processeur et votre RAM, et assurez-vous qu'elle offre les fonctionnalités essentielles dont vous avez besoin. En évitant les options supplémentaires superflues, vous pouvez trouver une carte mère performante et économique qui répond parfaitement à vos attentes.

La Mémoire Vive (RAM)

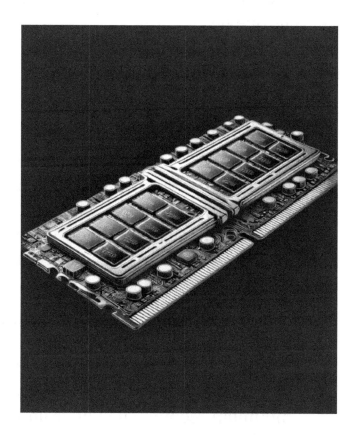

La mémoire vive, ou RAM (Random Access Memory), est un composant essentiel de votre PC. Elle permet à votre ordinateur de gérer plusieurs tâches en même temps et d'accéder rapidement aux données utilisées fréquemment.

Choisir la bonne quantité de RAM et une vitesse adaptée est important pour que votre PC fonctionne de manière fluide, sans toutefois dépenser plus que nécessaire.

Choisir la Bonne Capacité et la Bonne Vitesse sans Excès

1. Capacité de la RAM :

   La capacité de la RAM, mesurée en gigaoctets (Go), détermine combien de programmes et de données votre PC peut gérer simultanément. Voici quelques repères pour vous aider à choisir la bonne capacité :

   - 8 Go : Suffisant pour des tâches de base comme la navigation sur Internet, la bureautique, et le visionnage de vidéos. C'est le minimum recommandé pour un PC de nos jours.

   - 16 Go : Idéal pour les jeux vidéo, le multitâche intensif, et des applications plus gourmandes comme l'édition de photos ou de vidéos. C'est la quantité de RAM recommandée pour la plupart des utilisateurs.

- 32 Go ou plus : Nécessaire seulement si vous faites du montage vidéo professionnel, de la modélisation 3D, ou utilisez des applications très gourmandes en ressources. Pour la majorité des utilisateurs, 16 Go suffisent largement.

En résumé, pour la plupart des utilisateurs, 16 Go de RAM offrent un bon équilibre entre performance et coût. Si vous avez un budget serré ou des besoins modestes, 8 Go peuvent suffire, mais pensez à vérifier si votre carte mère permet d'ajouter de la RAM plus tard si nécessaire.

2. Vitesse de la RAM :

La vitesse de la RAM, mesurée en mégahertz (MHz), indique à quelle vitesse les données peuvent être lues ou écrites. Plus la vitesse est élevée, plus les performances seront théoriquement meilleures, mais au-delà d'un certain point, les gains peuvent être minimes pour un usage quotidien. Voici quelques conseils pour choisir la bonne vitesse :

- 2400 MHz à 3200 MHz : Pour la plupart des utilisateurs, une vitesse de

RAM comprise entre 2400 et 3200 MHz est suffisante. C'est généralement le meilleur compromis entre performance et coût.

- 3600 MHz et plus : Utile principalement pour les utilisateurs qui font du gaming haut de gamme ou des tâches très spécifiques où chaque milliseconde compte. Cependant, cela coûte souvent plus cher pour un gain de performance relativement modeste dans la plupart des usages.

En pratique, si vous choisissez une RAM avec une vitesse de 3000 à 3200 MHz, vous aurez un bon équilibre entre performance et prix. Pour un usage général, il n'est pas nécessaire d'investir dans de la RAM ultra-rapide.

Utiliser des Marques Alternatives Offrant des Performances Similaires à Moindre Coût

Il existe de nombreuses marques de RAM, et les différences de prix entre elles peuvent être significatives. Les marques les plus connues, comme Corsair ou G.Skill, sont souvent plus chères, mais cela ne signifie pas que les alternatives moins connues sont de moindre qualité.

1. Explorer les Marques Alternatives :

   • Crucial, Kingston, Patriot, et TeamGroup sont des exemples de marques qui offrent des performances similaires aux grandes marques mais à des prix souvent plus compétitifs.

   • Ces marques proposent des modules de RAM fiables qui sont généralement compatibles avec la plupart des systèmes, et elles offrent souvent des garanties similaires à celles des marques plus chères.

2. Comparer les Avis et Tests :

   Avant d'acheter, il est utile de lire des avis d'utilisateurs et des tests en ligne pour vous assurer que la RAM que vous envisagez est bien notée en termes de fiabilité et de performance. Les forums et les sites spécialisés en informatique sont de bonnes ressources pour cela.

3. Regarder les Promotions :

   La RAM est souvent en promotion, notamment pendant les périodes de soldes ou lors de lancements de nouveaux produits. Surveiller ces offres peut vous permettre d'obtenir une bonne marque à un prix réduit.

En conclusion, en choisissant judicieusement la capacité et la vitesse de votre RAM, et en optant pour des marques alternatives fiables, vous pouvez obtenir une excellente performance sans excès de dépense. Cela vous permet de maximiser le rapport qualité/prix de votre PC, tout en vous assurant que votre machine fonctionnera de manière fluide et réactive.

La Carte Graphique (GPU)

La carte graphique, ou GPU (Graphics Processing Unit), est un composant essentiel pour ceux qui veulent un PC puissant pour le gaming, la modélisation 3D, ou tout autre usage graphique intensif. Elle est responsable de rendre les images à l'écran, et plus elle est puissante, plus votre PC sera capable de gérer des jeux et des applications graphiquement exigeantes avec fluidité.

Comparaison des GPU pour un Usage Intensif (Gaming, Modélisation 3D)

Les GPU sont disponibles dans une large gamme de performances et de prix. Voici un guide pour comprendre ce que vous devez rechercher selon vos besoins spécifiques :

1. Gaming :

   - Entrée de gamme : Si vous jouez à des jeux légers ou à des titres un peu plus anciens, une carte comme la NVIDIA GTX 1650 ou la AMD Radeon RX 6500 XT peut suffire. Ces cartes sont plus abordables mais peuvent gérer les jeux en résolution 1080p à des réglages moyens à élevés.

   - Milieu de gamme : Pour jouer à des jeux modernes en 1080p ou même 1440p avec des paramètres élevés, une carte comme la NVIDIA RTX 3060 ou la AMD Radeon RX 6600 XT est idéale. Ces GPU offrent un excellent rapport performance/prix pour les joueurs.

- Haut de gamme : Si vous voulez jouer en 4K ou avec les réglages ultra sur les jeux les plus récents, une NVIDIA RTX 3070/3080 ou une AMD Radeon RX 6800 XT est recommandée. Ces cartes offrent des performances de pointe, mais à un prix plus élevé.

2. Modélisation 3D et Création de Contenu :

- Milieu de gamme : Pour des travaux de modélisation 3D ou de rendu léger, des cartes comme la NVIDIA RTX 3060 Ti ou la AMD Radeon RX 6700 XT sont souvent suffisantes. Elles gèrent bien les tâches graphiques tout en étant moins chères que les modèles haut de gamme.

- Haut de gamme : Pour des projets plus complexes nécessitant un rendu 3D intensif ou de la création de contenu à haute résolution, des cartes comme la NVIDIA RTX 3070/3080 ou la AMD Radeon RX 6800 XT offrent une puissance nécessaire pour des performances rapides et efficaces.

En résumé, le choix du GPU dépend fortement de l'usage que vous prévoyez. Pour le gaming, les cartes de milieu à haut de gamme offrent un excellent rapport qualité/prix, tandis que pour la modélisation 3D ou la création de contenu, une carte plus puissante peut être nécessaire pour des rendus rapides et de haute qualité.

Identifier les Périodes de Baisse des Prix et les Alternatives d'Occasion

Les cartes graphiques sont souvent les composants les plus chers de votre PC, mais il existe des moyens d'économiser de l'argent en surveillant les baisses de prix et en explorant les alternatives d'occasion.

1. Surveiller les Périodes de Baisse des Prix :

   - Promotions Saisonnières : Les périodes comme le Black Friday, les soldes d'été, ou les fêtes de fin d'année sont souvent propices aux réductions sur les GPU. En planifiant votre achat pendant ces périodes, vous pouvez économiser une somme importante.

   - Lancements de Nouveaux Modèles : Lorsque de nouveaux modèles de GPU sont lancés, les versions précédentes voient souvent leur prix baisser. Par exemple, lors de la sortie d'une nouvelle génération de cartes NVIDIA ou AMD, les modèles de la génération précédente deviennent plus abordables tout en offrant encore d'excellentes performances.

- Suivi des Prix en Ligne : Des outils en ligne comme CamelCamelCamel ou Keepa permettent de suivre l'évolution des prix des GPU sur des sites comme Amazon, afin que vous puissiez acheter au meilleur moment.

2. Explorer les Alternatives d'Occasion :

- Marché de l'Occasion : Les sites comme eBay, Leboncoin, ou les forums spécialisés en informatique proposent souvent des GPU d'occasion à des prix réduits. Acheter une carte graphique d'occasion peut être une excellente manière d'obtenir un modèle plus performant pour moins cher. Assurez-vous simplement que le vendeur est fiable et que la carte est en bon état.

- Cartes Reconditionnées : Certains

détaillants vendent des GPU reconditionnés, c'est-à-dire des cartes qui ont été renvoyées au fabricant pour être remises à neuf. Elles sont souvent moins chères que les cartes neuves et sont accompagnées d'une garantie, ce qui peut être un bon compromis entre prix et sécurité.

- Astuces pour Acheter de l'Occasion : Lors de l'achat d'une carte graphique d'occasion, demandez toujours des photos réelles de la carte, des détails sur son utilisation précédente (par exemple, si elle a été utilisée pour du mining), et vérifiez que la carte n'a pas été modifiée ou overclockée de manière excessive.

En conclusion, bien choisir et acheter votre GPU au bon moment peut vous permettre d'économiser beaucoup d'argent tout en obtenant les performances dont vous avez besoin pour vos tâches graphiques intensives. Que ce soit en profitant de promotions ou en explorant le marché de l'occasion, il existe de nombreuses façons de réduire les coûts sans compromettre la qualité.

Le Disque Dur et les SSD

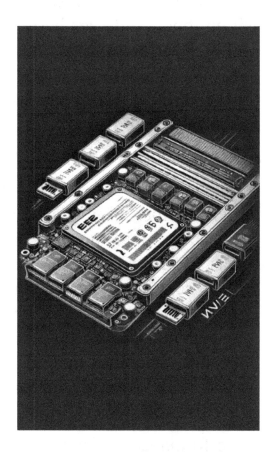

Le stockage est un élément clé de votre PC, car c'est là où toutes vos données sont conservées : le système d'exploitation, les logiciels, les jeux, les fichiers personnels, etc. Il existe deux types principaux de dispositifs de stockage : les disques durs traditionnels (HDD) et les disques à état solide (SSD). Chacun a ses avantages, et bien choisir en fonction de vos besoins peut vous aider à équilibrer performance et coût.

Choisir entre SSD et HDD en Fonction des Performances et du Prix

1. Les Disques Durs (HDD) :

- Capacité : Les HDD offrent généralement une grande capacité de stockage pour un prix relativement bas. Vous pouvez trouver des disques durs de 1 To (téraoctet) ou plus à des prix très abordables. Cela en fait un excellent choix pour stocker de grandes quantités de données, comme des films, de la musique, ou des archives de fichiers.

- Performances : En termes de vitesse, les HDD sont plus lents que les SSD. Ils utilisent des disques rotatifs pour lire et écrire des données, ce qui prend plus de temps, surtout pour charger des logiciels ou démarrer votre PC. Ils conviennent bien pour stocker des fichiers auxquels vous n'accédez pas souvent, mais ne sont pas idéaux pour exécuter des programmes ou le système d'exploitation.

2. Les Disques à État Solide (SSD) :

- Capacité : Les SSD sont plus chers par gigaoctet que les HDD, ce qui signifie que pour le même prix, vous obtenez moins d'espace de stockage. Cependant, les prix des SSD ont baissé ces dernières années, et des modèles de 500 Go ou 1 To sont maintenant accessibles.

- Performances : Les SSD sont beaucoup plus rapides que les HDD. Ils n'ont pas de pièces mobiles et utilisent une mémoire flash pour stocker des données, ce qui leur permet de lire et d'écrire des informations beaucoup plus rapidement. Cela signifie que votre PC démarrera plus vite, que les logiciels se chargeront plus rapidement, et que les jeux ou les applications lourdes fonctionneront de manière plus fluide.

En résumé, si vous avez besoin de beaucoup d'espace pour un coût minimum, les HDD sont une bonne option. Mais si vous voulez des performances rapides, notamment pour démarrer votre ordinateur et charger des programmes, un SSD est préférable.

Combiner SSD pour le Système d'Exploitation et HDD pour le Stockage Massif

Pour profiter des avantages des deux types de stockage tout en maîtrisant votre budget, une solution courante consiste à utiliser un SSD pour le système d'exploitation et les logiciels, et un HDD pour le stockage massif de données.

1. SSD pour le Système d'Exploitation et les Programmes :

   - Installer le Système d'Exploitation sur le SSD : En installant votre système d'exploitation (comme Windows ou Linux) sur un SSD, vous bénéficiez d'un démarrage rapide de votre ordinateur. Le temps nécessaire pour allumer votre PC et accéder à vos programmes est considérablement réduit.

   - Programmes et Jeux : Vous pouvez

également installer vos logiciels et jeux les plus utilisés sur le SSD. Cela permet de réduire les temps de chargement et d'améliorer la réactivité des applications, ce qui est particulièrement utile pour les jeux ou les logiciels de création qui nécessitent beaucoup de ressources.

2. HDD pour le Stockage Massif :

- Stockage de Fichiers : Utilisez le HDD pour stocker des fichiers volumineux que vous n'accédez pas fréquemment, comme des films, de la musique, des photos, ou des archives de projets. Le HDD offre une grande capacité à moindre coût, parfait pour conserver beaucoup de données sans encombrer votre SSD.

- Sauvegardes : Le HDD peut également servir à effectuer des sauvegardes régulières de vos données importantes. Cela vous permet de conserver une copie de vos fichiers en toute sécurité sans occuper l'espace plus précieux de votre SSD.

Exemple de Configuration :

- SSD de 500 Go à 1 To : Pour le système d'exploitation et les programmes essentiels.

- HDD de 1 To à 4 To : Pour stocker les fichiers volumineux et les données moins utilisées.

En combinant un SSD et un HDD, vous tirez parti des avantages des deux technologies : la vitesse du SSD pour un usage quotidien et la grande capacité du HDD pour stocker toutes vos données à un coût réduit. Cette approche vous permet d'avoir un PC à la fois performant et économique, optimisé pour vos besoins spécifiques.

Le Boîtier (Case)

Le boîtier, ou case, est l'enveloppe qui contient tous les composants de votre PC. Il joue un rôle crucial non seulement en abritant vos composants, mais aussi en assurant une bonne ventilation pour garder votre système au frais. Bien qu'il existe des boîtiers de toutes formes et tailles, allant du plus simple au plus sophistiqué, il est possible d'économiser de l'argent en choisissant un modèle qui répond à vos besoins sans pour autant sacrifier la ventilation ou la compatibilité avec les autres composants.

Comment Économiser sur le Boîtier sans Sacrifier la Ventilation ou la Compatibilité

1. Focus sur l'Essentiel :

   - Taille et Compatibilité : Assurez-vous que le boîtier est suffisamment grand pour accueillir votre carte mère, carte graphique, et autres composants. Les formats courants sont ATX, Micro-ATX, et Mini-ITX. Si vous avez une carte mère ATX standard, un boîtier ATX classique fera l'affaire, souvent à un coût raisonnable. Les boîtiers plus petits (comme les Mini-ITX) peuvent être plus chers et nécessitent des composants spécifiques plus compacts.

   - Gestion des Câbles : Une bonne

gestion des câbles permet non seulement d'avoir un intérieur propre, mais aussi d'améliorer le flux d'air. Optez pour un boîtier avec des options basiques de gestion des câbles, comme des ouvertures pour passer les câbles derrière la carte mère. C'est une fonctionnalité essentielle mais qui n'a pas besoin d'être complexe ou coûteuse.

- Connecteurs et Ports : Un boîtier simple avec quelques ports USB en façade et une prise casque/micro suffira pour la plupart des utilisateurs. Les boîtiers plus chers offrent souvent plus de connecteurs, mais ceux-ci ne sont pas nécessaires si vous avez déjà ces options sur votre carte mère ou si vous utilisez un hub USB externe.

2. Ne Pas Se Laisser Tenter par les Options Superflues :

- Éclairage RGB : Bien que les lumières RGB (éclairage coloré) soient à la mode, elles n'apportent aucune amélioration de la performance. Choisir un boîtier sans éclairage RGB peut vous faire économiser de l'argent sans compromettre la fonctionnalité.

- Panneaux en Verre Trempé : Les panneaux en verre trempé peuvent être esthétiquement plaisants, mais ils augmentent le prix du boîtier. Un modèle avec un panneau latéral en métal ou en plastique opaque fera tout aussi bien l'affaire, surtout si l'apparence n'est pas votre priorité.

3. Assurer une Bonne Ventilation :

- Ventilation Basique mais Efficace : Recherchez un boîtier avec au moins un ventilateur inclus à l'avant pour l'admission d'air et un à l'arrière pour l'extraction. Certains boîtiers bon marché n'ont qu'un seul ventilateur, mais tant que le boîtier a de l'espace pour ajouter un ou deux ventilateurs supplémentaires si nécessaire, cela suffit pour maintenir un bon flux d'air.

- Filtres à Poussière : Un boîtier avec des filtres à poussière amovibles (à l'avant, en bas, et en haut) est un plus, car ils empêchent la poussière d'entrer et sont faciles à nettoyer. Cela prolonge la durée de vie de vos composants en les gardant propres et en réduisant le besoin d'entretien.

Rechercher des Modèles sans Fioritures mais Bien Ventilés

1. Modèles Populaires à Bon Rapport Qualité/Prix :

   - Cooler Master MasterBox Q300L : Un boîtier compact mais bien conçu, avec une bonne ventilation et un design simple. Il offre une compatibilité ATX et Micro-ATX, et dispose de filtres à poussière magnétiques. C'est un excellent choix pour les budgets limités.

   - NZXT H510 : Ce boîtier propose une excellente gestion des câbles et une ventilation correcte, sans options superflues. Il dispose d'un design épuré et est souvent disponible à un prix compétitif.

   - Fractal Design Focus G : Un boîtier ATX économique avec deux ventilateurs LED inclus. Il offre une bonne circulation d'air et un intérieur spacieux pour faciliter l'assemblage des composants.

2. Critères de Sélection :

- Prix vs Fonctionnalité : Recherchez des boîtiers qui offrent les fonctionnalités essentielles comme une bonne ventilation, une gestion basique des câbles, et un espace suffisant pour vos composants, sans se perdre dans les extras esthétiques ou les gadgets coûteux.

- Avis et Tests : Avant d'acheter, consultez les avis des utilisateurs et les tests en ligne pour vous assurer que le boîtier que vous choisissez a une bonne réputation en termes de qualité de construction, de ventilation, et de facilité d'assemblage.

Vous n'avez pas besoin de dépenser beaucoup pour un boîtier qui fait bien son travail. En vous concentrant sur la compatibilité, la ventilation, et la fonctionnalité de base, vous pouvez trouver un boîtier simple, efficace, et économique qui protège vos composants et assure un bon flux d'air pour maintenir votre PC en bonne santé.

Cependant, Un boîtier grand et bien équipé est essentiel pour accueillir une configuration puissante, assurer une bonne ventilation et permettre des mises à jour futures. Voici quelques modèles de boîtiers qui sont réputés pour leur grande taille, leur qualité de fabrication, et leurs fonctionnalités avancées :

**1. Fractal Design Meshify 2 XL

- **Taille** : Full Tower
- **Caractéristiques** :
    - **Ventilation** : Conçu pour un flux d'air optimal avec une façade en mesh, le Meshify 2 XL peut accueillir jusqu'à 11 ventilateurs, et est compatible avec des radiateurs de refroidissement liquide jusqu'à 420 mm.
    - **Espace intérieur** : Capable de loger des cartes mères jusqu'au format E-ATX, ce boîtier offre un espace immense pour les composants les plus grands, y compris les cartes graphiques jusqu'à 520 mm de longueur.
    - **Options de stockage** : Jusqu'à 18 disques durs (HDD) ou SSD peuvent

être installés grâce à des cages de disques modulaires.

- **Gestion des câbles** : Le boîtier propose une gestion des câbles bien pensée avec des passages de câbles larges et des attaches Velcro.
- **Connectivité** : Ports USB 3.2 Gen 2 Type-C en façade, en plus des ports USB 3.0 et audio.

2. Corsair Obsidian Series 1000D

- **Taille** : Super Tower
- **Caractéristiques** :
  - **Ventilation** : Ce boîtier est massif, capable de supporter jusqu'à 13 ventilateurs et des radiateurs de refroidissement liquide jusqu'à 480 mm, avec une gestion avancée des flux d'air pour les configurations extrêmes.
  - **Espace intérieur** : Le Corsair 1000D peut accueillir deux systèmes en même temps (un E-ATX et un mini-ITX), avec suffisamment d'espace pour plusieurs cartes graphiques et une grande quantité de stockage.

- **Options de stockage** : Jusqu'à cinq disques durs 3,5 pouces et six SSD 2,5 pouces peuvent être installés.
- **Gestion des câbles** : Système de gestion des câbles avancé avec des canaux et des clips intégrés pour un montage propre.
- **Connectivité** : Front panel avec des ports USB 3.1 Type-C, USB 3.0, et commandes pour le contrôle de l'éclairage RGB.

3. Lian Li PC-O11 Dynamic XL

- **Taille** : Full Tower
- **Caractéristiques** :
  - **Ventilation** : Ce boîtier est conçu pour un refroidissement liquide avec un design modulaire qui peut accueillir jusqu'à trois radiateurs de 360 mm simultanément. Il peut aussi accueillir jusqu'à 10 ventilateurs pour un refroidissement par air.
  - **Espace intérieur** : Le Lian Li PC-O11 Dynamic XL supporte les cartes mères jusqu'au format E-ATX, et peut loger de grandes cartes graphiques

ainsi qu'un système de refroidissement liquide complexe.

- **Options de stockage** : Capacité d'accueillir jusqu'à quatre disques durs 3,5 pouces et six SSD 2,5 pouces.
- **Gestion des câbles** : Très bon système de gestion des câbles avec un espace dédié derrière la carte mère et un couvercle amovible pour cacher les câbles.
- **Connectivité** : Ports USB 3.1 Type-C et USB 3.0 en façade, avec un design élégant et moderne en verre trempé.

4. Phanteks Enthoo Elite

- **Taille** : Super Tower
- **Caractéristiques** :
  - **Ventilation** : Conçu pour les configurations les plus exigeantes, l'Enthoo Elite supporte jusqu'à 15 ventilateurs et des radiateurs de refroidissement liquide jusqu'à 480 mm, avec des options de montage flexibles.
  - **Espace intérieur** : Il peut accueillir des cartes mères au format E-ATX et

XL-ATX, plusieurs cartes graphiques, et même un double système (ATX + ITX) avec un espace généreux pour un refroidissement efficace.

- **Options de stockage** : Prend en charge jusqu'à 12 disques durs 3,5 pouces et 12 SSD 2,5 pouces.
- **Gestion des câbles** : Excellent système de gestion des câbles avec des canaux dédiés, des attaches Velcro, et des cache-câbles pour un intérieur propre.
- **Connectivité** : Ports USB 3.1 Type-C, HDMI pour VR, commandes d'éclairage RGB intégrées, et support pour un hub de ventilation.

5. Cooler Master Cosmos C700M

- **Taille** : Full Tower
- **Caractéristiques** :
  - **Ventilation** : Supporte jusqu'à neuf ventilateurs et des radiateurs de refroidissement liquide jusqu'à 420 mm, avec un flux d'air optimisé pour les configurations à hautes performances.

- **Espace intérieur** : Le Cosmos C700M est conçu pour des configurations flexibles avec un châssis modulaire qui permet de réorganiser les composants selon vos préférences, y compris les cartes mères E-ATX.
- **Options de stockage** : Peut accueillir jusqu'à cinq disques durs 3,5 pouces et quatre SSD 2,5 pouces.
- **Gestion des câbles** : Système de gestion des câbles avec un capot arrière et des passages de câbles bien positionnés pour une organisation propre.
- **Connectivité** : Ports USB 3.1 Type-C, RGB adressable intégré avec un panneau de commande, et un design emblématique avec des poignées en aluminium.

Conclusion

Chacun de ces boîtiers est grand et bien équipé, offrant une excellente ventilation, une gestion des câbles avancée, et suffisamment d'espace pour accueillir des configurations haut de gamme. Le choix entre eux dépendra de vos besoins spécifiques en matière de taille, de design, de refroidissement, et de fonctionnalités supplémentaires.

L'Alimentation (PSU)

L'alimentation, ou PSU (Power Supply Unit), est l'élément qui fournit l'énergie nécessaire à tous les composants de votre PC. Choisir la bonne alimentation est crucial : elle doit être suffisamment puissante pour faire fonctionner votre système, mais sans être surdimensionnée, ce qui vous ferait dépenser inutilement. Voici comment calculer la puissance nécessaire avec précision et choisir une alimentation certifiée mais économique.

Calculer la Puissance Nécessaire avec Précision pour ne pas Surinvestir

1. Estimer la Consommation de Votre Système :

   Chaque composant de votre PC consomme une certaine quantité d'énergie, exprimée en watts (W). Les composants qui consomment le plus sont généralement le processeur (CPU) et la carte graphique (GPU). Voici une estimation générale de la consommation des principaux composants :

   - Processeur (CPU) : Environ 65W à 125W selon le modèle.

   - Carte Graphique (GPU) : Environ 150W à 350W pour les cartes graphiques de milieu à haut de gamme.

   - Carte Mère et Périphériques (RAM, Disques durs, etc.) : Environ 50W à 100W.

   - Ventilateurs et Système de Refroidissement : Environ 10W à

30W.

Par exemple, un PC de gaming avec un processeur milieu de gamme et une carte graphique performante pourrait nécessiter environ 400W à 500W au total.

2. Utiliser un Calculateur de Puissance en Ligne :

Pour obtenir une estimation plus précise, vous pouvez utiliser des calculateurs de puissance en ligne. Ces outils vous permettent de saisir les spécificités de votre configuration (modèle de CPU, GPU, nombre de disques durs, etc.) et calculent automatiquement la puissance recommandée pour votre alimentation. Ils vous donneront généralement une marge de sécurité pour éviter que l'alimentation ne fonctionne à pleine charge en permanence.

3. Ajouter une Marge de Sécurité :

Une fois que vous avez estimé la puissance nécessaire, il est conseillé d'ajouter une marge de sécurité d'environ 20 à 30%. Par exemple, si votre configuration consomme environ 400W, optez pour une alimentation d'au moins 500W à 550W. Cela permet de garantir la stabilité de votre système même en cas de pics de consommation ou si vous décidez de mettre à jour vos composants à l'avenir.

Choisir des PSU Certifiés mais Économiques

1. Comprendre les Certifications d'Efficacité :

Les alimentations sont souvent classées par leur efficacité énergétique, indiquée par des certifications comme 80 PLUS. Cette certification signifie que l'alimentation convertit efficacement l'énergie de votre prise électrique en énergie utilisable pour les composants, avec moins de perte sous forme de chaleur. Les niveaux de certification sont :

- 80 PLUS : Efficacité de 80% à 20%, 50%, et 100% de charge.

- 80 PLUS Bronze : Efficacité légèrement meilleure, autour de 82% à 85%.

- 80 PLUS Silver/Gold/Platinum : Ces certifications offrent des efficacités encore plus élevées, jusqu'à 90% et plus.

Pour la plupart des utilisateurs, une alimentation certifiée 80 PLUS Bronze offre un bon compromis entre prix et efficacité. Opter pour du 80 PLUS Gold peut être intéressant si vous souhaitez réduire votre consommation d'électricité, mais cela coûte généralement un peu plus cher.

2. Choisir des Marques et Modèles Fiables mais Abordables :

- Marques à considérer : Des marques comme Corsair, EVGA, Seasonic, et Cooler Master sont bien connues pour leurs alimentations fiables et abordables. Elles offrent une large gamme de modèles, de l'entrée de gamme au haut de gamme, avec des certifications 80 PLUS.

- Modèles Économiques Recommandés :

  - Corsair CX550 (550W, 80 PLUS Bronze) : Un excellent choix pour un PC de gaming de milieu de gamme. Ce modèle est réputé pour sa fiabilité et son prix abordable.

- EVGA 600 W1 (600W, 80 PLUS White) : Une option économique pour ceux qui ont besoin d'un peu plus de puissance, sans casser la tirelire.

- Seasonic S12III (500W, 80 PLUS Bronze) : Un PSU fiable avec une bonne certification et un prix compétitif.

3. Éviter les Alimentions Non Certifiées ou Trop Bon Marché :

Bien qu'il soit tentant de choisir l'alimentation la moins chère possible, il est important de ne pas sacrifier la qualité. Les alimentations non certifiées ou extrêmement bon marché peuvent être inefficaces, instables, ou même dangereuses pour vos composants. Une bonne alimentation protège vos composants et assure un fonctionnement stable de votre PC sur le long terme.

En résumé, pour choisir une alimentation, calculez d'abord la puissance dont vous avez réellement besoin, en ajoutant une marge de sécurité, puis optez pour un modèle certifié 80 PLUS Bronze ou supérieur d'une marque réputée.

Cela vous permettra d'économiser de l'argent tout en garantissant que votre PC fonctionne de manière fiable et efficace.

Le Système de Refroidissement

Le système de refroidissement est crucial pour maintenir la température de vos composants, en particulier le processeur (CPU), à un niveau optimal. Un refroidissement efficace assure que votre PC fonctionne de manière stable, sans risque de surchauffe qui pourrait endommager les composants ou réduire les performances. Cependant, il est possible de choisir un système de refroidissement adapté à vos besoins sans investir plus que nécessaire. Voici comment le faire, ainsi qu'une comparaison entre les systèmes de refroidissement par air et par liquide.

Choisir un Système de Refroidissement Adapté sans Excès

1. Évaluer Vos Besoins :

   - Usage Normal (Bureautique, Navigation, Jeux Occasionnels) : Pour un usage standard, un refroidissement par air avec un bon ventilateur de CPU est généralement suffisant. Ces systèmes sont abordables, faciles à installer, et offrent une bonne performance pour des charges de travail modérées.

   - Usage Intensif (Gaming, Overclocking, Création de Contenu) : Si vous avez un processeur puissant ou si vous prévoyez de faire de l'overclocking (augmenter la vitesse du CPU au-delà des spécifications d'usine), vous aurez besoin d'un système de refroidissement plus performant. Dans ce cas, un ventilateur de haute qualité ou un système de refroidissement liquide peut être nécessaire.

2. Ne Pas Surinvestir :

Il est important de choisir un système de refroidissement qui correspond à votre configuration sans en faire trop. Par exemple, si vous n'utilisez pas d'applications intensives ou si vous ne faites pas d'overclocking, un refroidissement par air standard suffira amplement, même avec un CPU puissant.

3. Marques et Modèles Recommandés :

- Refroidissement par Air :

  - Cooler Master Hyper 212 EVO : Un classique du refroidissement par air, réputé pour son excellent rapport qualité/prix. Il est efficace pour la plupart des processeurs grand public.

  - Noctua NH-U12S : Un peu plus cher, mais offre des performances de refroidissement exceptionnelles et est très silencieux.

- Refroidissement Liquide :

- Corsair Hydro Series H60 : Un refroidisseur liquide abordable et compact, adapté pour les petites configurations ou les boîtiers plus petits.

- NZXT Kraken X53 : Un modèle populaire pour ceux qui recherchent un refroidissement liquide performant, avec des options de personnalisation via RGB.

Comparer Refroidissement par Air vs Liquide en Termes de Coût/Efficacité

1. Refroidissement par Air :

- Coût : Le refroidissement par air est généralement moins cher que le refroidissement liquide. Les ventilateurs de CPU varient entre 20 € et 60 € pour les modèles les plus performants, ce qui en fait une option économique.

- Efficacité : Pour la plupart des utilisateurs, un bon refroidisseur par air est suffisamment efficace pour maintenir des températures basses, même lors de sessions de gaming prolongées ou de travaux créatifs. Les ventilateurs sont faciles à installer et à entretenir, et ils sont aussi très fiables.

- Bruit : Certains ventilateurs peuvent être plus bruyants, surtout sous charge. Cependant, des modèles de qualité supérieure, comme ceux de Noctua, sont conçus pour être silencieux tout en offrant un excellent refroidissement.

2. Refroidissement Liquide :

- Coût : Le refroidissement liquide est généralement plus cher, avec des modèles allant de 60 € à 150 € ou plus. C'est un investissement plus important, mais nécessaire pour certaines configurations haut de gamme.

- Efficacité : Le refroidissement liquide est plus efficace pour dissiper la chaleur, surtout pour les configurations puissantes ou overclockées. Il est capable de maintenir des températures plus basses même sous de lourdes charges.

Cela permet à votre CPU de fonctionner à son maximum sans risque de surchauffe.

- Esthétique et Installation : Les systèmes de refroidissement liquide sont souvent choisis pour leur esthétique, avec des options de personnalisation via des LED RGB. Cependant, ils sont plus complexes à installer que les refroidisseurs par air, et nécessitent un entretien occasionnel (comme vérifier les niveaux de liquide).

- Bruit : Les systèmes de refroidissement liquide sont généralement plus silencieux, car ils n'ont pas besoin de faire tourner les ventilateurs aussi vite que les systèmes de refroidissement par air pour atteindre les mêmes niveaux de dissipation thermique.

Résumé :

- Refroidissement par Air : Recommandé pour la majorité des utilisateurs, surtout si vous ne faites pas d'overclocking. Il est plus économique, facile à installer, et offre une efficacité suffisante pour la plupart des tâches.

- Refroidissement Liquide : Recommandé pour les configurations haut de gamme, les overclockers, ou ceux qui veulent une esthétique particulière. Bien que plus cher, il offre une meilleure efficacité thermique et est généralement plus silencieux.

En conclusion, le choix entre un système de refroidissement par air et par liquide dépend de votre budget, de vos besoins en performances, et de vos préférences esthétiques. Pour la plupart des utilisateurs, un bon système de refroidissement par air est suffisant, tandis que le refroidissement liquide est préférable pour les configurations hautes performances ou pour ceux qui recherchent un PC au look soigné avec des températures optimales.

Périphériques et Accessoires

Les périphériques et accessoires comprennent tous les composants externes que vous utilisez avec votre PC, comme le clavier, la souris, l'écran, et les haut-parleurs. Bien qu'ils ne soient pas directement liés à la performance de votre ordinateur, ils jouent un rôle crucial dans votre expérience utilisateur. Voici comment choisir des périphériques performants mais abordables et comment économiser en réutilisant des équipements que vous possédez déjà.

Rechercher des Options de Périphériques Performants mais Abordables

1. Clavier et Souris :

- Clavier :

  - Logitech K120 : Un clavier filaire simple et fiable, idéal pour une utilisation quotidienne. Il est abordable et robuste.

  - Redragon K552 : Un clavier mécanique abordable pour les gamers, avec des touches rétroéclairées. Il offre une bonne réactivité pour le gaming tout en restant dans un budget raisonnable.

- Souris :

  - Logitech M510 : Une souris sans fil ergonomique, performante pour un usage bureautique et général, avec une bonne autonomie de batterie.

  - Razer DeathAdder Essential : Une souris filaire abordable et précise, très appréciée des gamers pour sa réactivité et son confort.

2. Écran (Moniteur) :

- Acer R240HY : Un écran 24 pouces avec une résolution Full HD (1080p), offrant de bonnes performances pour la plupart des usages, y compris le gaming léger et la bureautique, à un prix très compétitif.

- Dell SE2419Hx : Un autre écran 24 pouces Full HD avec de bons angles de vue et une qualité d'image claire, parfait pour le travail et le divertissement, à un prix abordable.

3. Casque et Haut-Parleurs :

- Casque :
  - HyperX Cloud Stinger : Un

casque gaming abordable avec un bon son et un micro intégré, idéal pour le gaming et les appels en ligne.

- Logitech H390 : Un casque USB avec un micro à réduction de bruit, parfait pour les réunions en ligne ou le travail à domicile.

- Haut-Parleurs :

  - Creative Pebble 2.0 : Des haut-parleurs compacts et abordables avec un bon son pour leur taille, parfaits pour une utilisation sur bureau.

  - Logitech Z313 : Un ensemble de haut-parleurs 2.1 avec un caisson de basses, offrant une bonne qualité sonore pour le prix.

4. Webcam :

- Logitech C270 : Une webcam HD simple et économique, idéale pour les appels vidéo et les réunions en ligne.

- Microsoft LifeCam HD-3000 : Une autre option abordable offrant une bonne qualité vidéo pour le travail à distance ou les discussions en ligne.

Réutiliser des Périphériques Existants pour Économiser

1. Évaluer Vos Périphériques Actuels :

   Avant d'acheter de nouveaux périphériques, faites l'inventaire de ce que vous possédez déjà. Si vos périphériques actuels fonctionnent bien, il n'est peut-être pas nécessaire de les remplacer. Par exemple :

   - Clavier et Souris : Si votre clavier et votre souris actuels sont en bon état et répondent à vos besoins, continuez à les utiliser. Les périphériques filaires, en particulier, ont souvent une longue durée de vie.

   - Écran : Si vous avez déjà un écran qui fonctionne bien, vous pouvez économiser une somme importante en le réutilisant. Pensez à vérifier la résolution et les ports disponibles pour vous assurer qu'il est compatible avec votre nouvelle configuration.

   - Casque ou Haut-Parleurs : Ces périphériques ont souvent une durée de vie longue et peuvent être réutilisés tant qu'ils offrent une qualité sonore satisfaisante.

2. Adapter les Périphériques :

- Adaptateurs et Convertisseurs : Si vous avez des périphériques plus anciens, comme un écran avec un port VGA, vous pouvez utiliser des adaptateurs pour les connecter à des ports plus modernes (HDMI, DisplayPort) sur votre nouveau PC. Cela vous permet de réutiliser vos anciens équipements sans compromettre la qualité.

3. Prioriser les Achats :

Si vous devez acheter de nouveaux périphériques, commencez par ceux qui auront le plus d'impact sur votre expérience. Par exemple, un bon écran ou une souris ergonomique peuvent améliorer significativement votre confort et votre productivité, tandis que vous pouvez attendre pour remplacer d'autres accessoires moins critiques.

En conclusion, il est tout à fait possible de trouver des périphériques performants à des prix abordables en cherchant les bonnes marques et modèles. De plus, en réutilisant des périphériques existants, vous pouvez économiser davantage sans compromettre la qualité de votre expérience utilisateur. L'objectif est de maximiser votre confort et votre productivité tout en respectant votre budget.

4. Préparation : Outils et Espace de Travail

Avant de commencer à assembler votre PC, il est essentiel de bien préparer votre espace de travail et de rassembler tous les outils nécessaires. Un espace de travail organisé et quelques précautions de sécurité simples garantiront que le processus d'assemblage se déroule sans accroc. Voici comment vous préparer.

Liste des Outils Nécessaires

Pour assembler un PC, vous n'avez pas besoin de beaucoup d'outils, mais les quelques éléments suivants sont indispensables :

1. Tournevis Cruciforme (Phillips) : Le principal outil dont vous aurez besoin est un tournevis cruciforme de taille moyenne (généralement de taille n°2). Il sera utilisé pour visser la carte mère, le boîtier, et d'autres composants.

2. Bracelet Antistatique (Optionnel mais Recommandé) : Un bracelet antistatique aide à éviter d'endommager les composants sensibles à cause de l'électricité statique. Si vous n'en avez pas, assurez-vous de vous décharger de toute électricité statique en touchant une surface métallique non peinte (comme le boîtier de votre alimentation) avant de manipuler les composants.

3. Pince à Épiler ou Pince Fine : Une petite pince peut être utile pour manipuler des vis ou des petits connecteurs dans des endroits difficiles d'accès.

4. Patte de Pâte Thermique (si nécessaire) : Si vous utilisez un refroidisseur CPU qui ne

vient pas avec de la pâte thermique pré-appliquée, vous devrez en appliquer une fine couche sur le processeur. Assurez-vous d'utiliser une pâte thermique de qualité.

5. Attaches de Câbles (Colsons ou Velcro) : Ces attaches sont utiles pour organiser les câbles à l'intérieur du boîtier, ce qui améliore le flux d'air et facilite la maintenance future.

6. Un Support d'Installation USB : Si vous prévoyez d'installer le système d'exploitation via une clé USB, préparez-la à l'avance avec l'ISO de votre OS (Windows, Linux, etc.).

Préparer un Espace de Travail Propre et Sécurisé

1. Choisir un Espace de Travail Adéquat :

   - Surface Plane et Stable : Installez-vous sur une surface plane et stable, comme un bureau ou une table. Assurez-vous d'avoir suffisamment d'espace pour disposer tous les composants et outils sans les empiler.

   - Éclairage Suffisant : Un bon éclairage

est essentiel pour voir clairement ce que vous faites, surtout lorsque vous travaillez avec de petits connecteurs et vis.

- Surface Non Conductrice : Travaillez de préférence sur une surface non conductrice (comme du bois ou du plastique) pour réduire le risque d'électricité statique.

2. Organiser les Composants :

- Déballer les Composants : Sortez soigneusement tous vos composants de leurs emballages et disposez-les sur la table. Gardez les vis, câbles, et autres accessoires organisés pour les retrouver facilement.

- Identifier les Pièces : Prenez le temps d'identifier chaque composant (CPU, carte mère, RAM, GPU, etc.) et de lire les manuels pour comprendre leur installation respective.

3. Préparer un Système de Gestion des Vis :

- Utilisez un petit bol ou une boîte pour stocker les vis pendant que vous assemblez votre PC. Cela vous évitera de les perdre pendant le processus.

Considérations de Sécurité (Électricité Statique, Précautions)

1. Gérer l'Électricité Statique :

   - Utiliser un Bracelet Antistatique : Portez un bracelet antistatique attaché à une surface métallique mise à la terre pour éviter les décharges électrostatiques (ESD) qui pourraient endommager vos composants.

- Toucher le Boîtier Métallique : Si vous n'avez pas de bracelet, touchez régulièrement une partie métallique non peinte du boîtier du PC (comme le cadre de l'alimentation) pour vous décharger de toute électricité statique avant de manipuler les composants internes.

2. Manier les Composants avec Soin :

- Tenir les Composants par les Bords : Évitez de toucher les circuits imprimés ou les connecteurs directement. Tenez les cartes mères, GPU, et autres composants par les bords pour minimiser le risque d'endommagement.

- Éviter les Environnements Statique : Ne travaillez pas sur une moquette, et portez des vêtements qui ne génèrent pas de statique (comme du coton plutôt que de la laine ou du polyester).

3. Travailler Lentement et Prudemment :

- Prenez votre temps à chaque étape. Travailler lentement réduit les risques d'erreurs et de dommages aux composants.

4. Ne Pas Forcer :

- Si quelque chose ne s'emboîte pas facilement, n'insistez pas. Vérifiez les instructions et assurez-vous que les pièces sont correctement alignées.

En suivant ces conseils, vous vous assurez que votre espace de travail est bien organisé et sécurisé, ce qui rendra l'assemblage de votre PC plus facile et plus agréable. Une bonne préparation est la clé pour réussir votre projet sans stress et sans risque de dommage pour vos composants.

5. Étape 1 : Préparer le Boîtier

La première étape dans l'assemblage de votre PC consiste à préparer le boîtier, qui accueillera tous les composants. Cette étape inclut le déballage du boîtier, l'installation des entretoises pour la carte mère, et la préparation de la gestion des câbles. Voici comment procéder.

Déballer et Préparer le Boîtier

1. Déballer le Boîtier :

   - Ouvrir la Boîte avec Précaution : Lorsque vous recevez votre boîtier, ouvrez la boîte avec soin pour éviter de rayer ou d'endommager la surface du boîtier. Retirez les protections en mousse ou en plastique et placez le boîtier sur une surface plane et stable.

   - Retirer les Panneaux Latéraux : La plupart des boîtiers ont des panneaux latéraux fixés par des vis à main ou des vis cruciformes. Retirez ces vis et enlevez les panneaux pour accéder à l'intérieur du boîtier. Cela vous donne de l'espace pour travailler et installer les composants.

   - Vérifier le Contenu : À l'intérieur du boîtier, vous trouverez généralement un petit sachet contenant des vis, des entretoises, et d'autres accessoires. Vérifiez que vous avez tout le nécessaire avant de commencer.

2. Inspection du Boîtier :

   - Vérifier les Connecteurs et Câbles

Préinstallés : Certains boîtiers viennent avec des câbles préinstallés pour les ports USB, le bouton d'alimentation, les voyants LED, etc. Identifiez ces câbles pour les connecter correctement à la carte mère plus tard.

- Assurer la Présence des Filtres à Poussière : Si votre boîtier est équipé de filtres à poussière, vérifiez qu'ils sont bien en place. Ces filtres sont généralement situés à l'avant, en bas, et parfois en haut du boîtier.

Installation des Entretoises pour la Carte Mère

Les entretoises sont des petits supports métalliques qui se fixent au boîtier et sur lesquels la carte mère sera vissée. Elles permettent de maintenir la carte mère en hauteur, évitant ainsi qu'elle ne touche directement le boîtier, ce qui pourrait provoquer un court-circuit.

1. Localiser les Points de Montage :

- Identifier les Trous de Fixation : La carte mère possède plusieurs trous de fixation qui correspondent aux points de montage dans le boîtier. Les boîtiers sont conçus pour s'adapter à différentes tailles de cartes mères (ATX, Micro-ATX, Mini-ITX), et les trous de fixation sont marqués en conséquence.

- Aligner les Entretoises : Alignez les entretoises avec les trous de fixation correspondant à votre carte mère. Ne fixez les entretoises que dans les trous qui correspondent à votre modèle de carte mère.

2. Visser les Entretoises :

- Installer les Entretoises : Utilisez les entretoises fournies avec le boîtier. Vissez-les dans les trous prévus à cet effet dans le boîtier, à l'aide de votre tournevis cruciforme. Assurez-vous que chaque entretoise est bien en place et alignée avec un trou de fixation de la carte mère.

- Vérifier la Stabilité : Une fois les entretoises installées, assurez-vous

qu'elles sont bien fixées et stables. Il
ne doit y avoir aucune entretoise dans
un trou qui ne correspond pas à un
trou de fixation de la carte mère, car
cela pourrait causer des problèmes
lors de l'installation.

Gestion des Câbles

Une bonne gestion des câbles est essentielle pour assurer un flux d'air optimal dans le boîtier et rendre l'intérieur propre et ordonné. Cela facilite également les futures mises à jour ou réparations.

1. Planifier le Routage des Câbles :

  - Identifier les Passages de Câbles : La plupart des boîtiers modernes sont équipés de trous ou de canaux spécialement conçus pour passer les câbles derrière la carte mère. Identifiez ces passages et planifiez comment vous allez faire passer les câbles d'alimentation, les câbles des disques durs, et les câbles des ventilateurs.

- Positionner les Câbles Non Utilisés : Si votre alimentation a des câbles que vous n'utiliserez pas, comme des connecteurs supplémentaires, rangez-les soigneusement derrière la carte mère ou dans un compartiment de gestion des câbles pour éviter qu'ils ne gênent le flux d'air.

2. Attaches de Câbles :

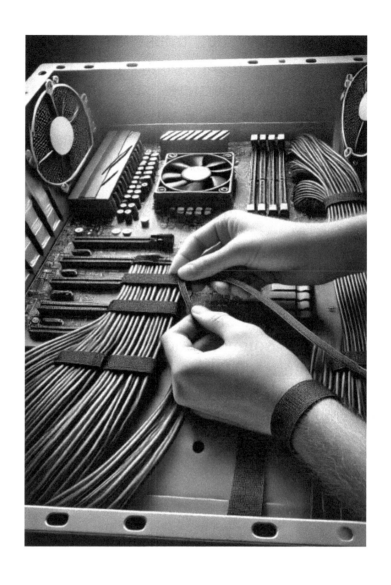

- Utiliser des Attaches de Câbles : Pour maintenir les câbles en place, utilisez des attaches de câbles (colsons) ou des bandes Velcro. Attachez les câbles ensemble en petits groupes et fixez-les aux points d'attache prévus dans le boîtier. Cela évite qu'ils ne bougent pendant le transport ou l'utilisation, et améliore la circulation de l'air à l'intérieur du boîtier.

- Vérifier le Flux d'Air : Une fois les câbles attachés, vérifiez qu'ils n'entravent pas le flux d'air des ventilateurs. Les câbles ne doivent pas bloquer les ventilateurs avant, arrière ou ceux de la carte graphique.

En suivant ces étapes, vous préparez votre boîtier de manière efficace et ordonnée, ce qui facilitera l'installation des composants et assurera une bonne ventilation de votre système. Un boîtier bien préparé est la base d'un PC fonctionnel et fiable.

6. Étape 2 : Installer le Processeur et la RAM sur la Carte Mère

Cette étape consiste à installer le processeur (CPU) et la mémoire vive (RAM) sur la carte mère. C'est une étape délicate, car le CPU est l'un des composants les plus sensibles de votre PC. Cependant, en suivant attentivement les instructions, vous pouvez le faire sans difficulté. Voici comment procéder.

Installer le Processeur (CPU)

1. Illustration : Comment Installer le Processeur

- Ouvrir le Socket CPU :

    - Localisez le socket CPU sur la carte mère. C'est une zone carrée avec un couvercle métallique (pour les processeurs

Intel) ou un levier (pour les processeurs AMD).

- Si vous utilisez un processeur Intel, poussez doucement sur le levier métallique à côté du socket et soulevez-le pour ouvrir le couvercle.

- Pour un processeur AMD, soulevez le levier à côté du socket pour ouvrir le support.

- Aligner le Processeur :

  - Sortez délicatement le processeur de son emballage en le tenant par les bords, en évitant de toucher les broches ou les contacts dorés en dessous.

  - Alignez le processeur avec le socket en repérant le coin marqué par une petite flèche dorée sur le processeur et sur le socket. Cette flèche indique le bon sens d'insertion.

  - Déposez doucement le processeur dans le socket sans forcer. Il doit se mettre en place naturellement.

- Fixer le Processeur :

    - Pour un processeur Intel, rabaissez le couvercle métallique sur le processeur et abaissez le levier pour le verrouiller en place.

    - Pour un processeur AMD, abaissez simplement le levier pour fixer le processeur.

Application de la Pâte Thermique

Si votre refroidisseur de CPU (ventilateur ou système de refroidissement liquide) n'a pas de pâte thermique pré-appliquée, vous devrez en appliquer une petite quantité.

Le refroidisseur de CPU se fixe directement sur le CPU après l'application de la pâte thermique. Cette fixation assure un contact optimal entre le dissipateur thermique du refroidisseur et le CPU, permettant ainsi de dissiper efficacement la chaleur générée par le processeur.

1. Appliquer la Pâte Thermique :

- Quantité de Pâte :

  - Appliquez une petite quantité de pâte thermique (environ la taille d'un petit pois ou d'un grain de riz) au centre du processeur. La pâte thermique aide à dissiper la chaleur du CPU vers le dissipateur thermique du refroidisseur.

- Étalement (Optionnel) :

    - Il n'est pas nécessaire d'étaler la pâte, car le serrage du refroidisseur répartira la pâte uniformément. Toutefois, si vous préférez, vous pouvez utiliser une spatule en plastique ou un carton pour étaler la pâte en une fine couche uniforme.

Installer la RAM dans les Bons Slots

1. Identifier les Slots de RAM :

- Slots de RAM :

  - La carte mère comporte généralement deux ou quatre slots pour la RAM. Ces slots sont souvent colorés en paires pour indiquer les canaux.

- Consultez le manuel de votre carte mère pour savoir dans quels slots installer la RAM pour une configuration à double canal (généralement, les slots 1 et 3 ou 2 et 4 sont utilisés ensemble).

2. Installation de la RAM :

- Aligner la RAM :

  - Sortez les modules de RAM de leur emballage et repérez l'encoche sur le bord inférieur. Cette encoche doit être alignée avec la petite barrière dans le slot de la carte mère.

  - Alignez soigneusement la RAM avec le slot, en vérifiant que l'encoche s'aligne correctement.

- Insérer la RAM :

  - Une fois alignée, insérez fermement la RAM dans le slot en appuyant uniformément sur les deux extrémités jusqu'à ce que vous entendiez un clic. Ce clic indique que les loquets de chaque côté du slot ont verrouillé la RAM en place.

- Si vous avez plus de deux modules de RAM, installez-les dans les slots recommandés pour activer le double canal, ce qui améliorera les performances.

En suivant ces étapes, vous aurez correctement installé le processeur et la RAM sur votre carte mère. Cela prépare la carte mère à être fixée dans le boîtier et à recevoir les autres composants. Il est essentiel de travailler avec précaution lors de cette étape, car le CPU et la RAM sont des composants délicats mais essentiels pour le bon fonctionnement de votre PC.

7. Étape 3 : Monter la Carte Mère dans le Boîtier

Une fois que le processeur et la RAM sont installés sur la carte mère, l'étape suivante consiste à monter la carte mère dans le boîtier. Cette étape nécessite de positionner la carte mère correctement, de la fixer à l'aide des entretoises installées précédemment, et de connecter les câbles de base, y compris ceux de l'alimentation et des ventilateurs. Voici comment procéder.

Positionner la Carte Mère et Visser les Entretoises

1. Illustration : Positionner la Carte Mère

   - Aligner la Carte Mère :

     - Placez délicatement la carte mère dans le boîtier en alignant les trous de fixation sur la carte mère avec les entretoises que vous avez installées dans le boîtier à l'étape précédente.

     - Assurez-vous que les ports d'E/S (USB, Ethernet, audio, etc.) à l'arrière de la carte mère s'alignent correctement avec le panneau d'E/S à l'arrière du boîtier. Ce panneau peut être préinstallé ou venir avec la carte mère et doit être installé avant la carte mère.

   - Vérifier l'Alignement des Connecteurs :

     - Avant de visser, vérifiez que la carte mère est bien en place, avec les connecteurs alignés avec les découpes du boîtier. Si nécessaire, ajustez légèrement la position pour un alignement parfait.

2. Visser la Carte Mère

- Fixer la Carte Mère :

  - Utilisez les vis fournies avec le boîtier pour fixer la carte mère aux entretoises. Vissez de manière à ce que la carte mère soit bien maintenue en place, mais sans trop serrer pour éviter d'endommager la carte.

  - Commencez par visser les coins opposés de la carte mère pour assurer un bon alignement, puis vissez les autres emplacements. En général, il y a 6 à 9 vis à fixer selon la taille de la carte mère.

- Vérifier la Fixation :

  - Une fois la carte mère fixée, vérifiez qu'elle est bien stable et qu'il n'y a aucun jeu. Si elle bouge, revérifiez les vis et ajustez-les.

Connecter les Câbles de Base (Alimentation, Ventilateurs)

1. Connecter l'Alimentation (PSU) à la Carte Mère

   - Câble d'Alimentation Principal (24-Pins ATX) :

- Localisez le câble d'alimentation principal de l'alimentation (un grand connecteur 24 broches) et branchez-le dans le connecteur 24 broches correspondant sur la carte mère. Ce câble fournit l'alimentation principale à la carte mère.

- L'emplacement du câble d'alimentation principal (24-pins ATX) sur une carte mère est généralement situé sur le côté droit, près du bord. Voici comment le trouver :

1. **Emplacement** : Le connecteur 24-pins se trouve souvent à droite des emplacements pour la RAM, en haut ou en milieu de la carte mère. Il est facilement reconnaissable par sa grande taille.

2. **Connecteur** : Le connecteur 24-pins est le plus grand connecteur sur la carte mère. Il alimente principalement la carte mère en énergie, permettant de faire fonctionner tous ses composants.

3. **Orientation** : Lors de la connexion, le câble doit être aligné correctement avec le

connecteur. Il y a un loquet sur le connecteur qui s'enclenche pour maintenir le câble en place.

Si vous regardez une carte mère, le connecteur 24-pins est souvent le plus visible et le plus important pour l'alimentation principale.

- Assurez-vous que le connecteur est bien enfoncé jusqu'à ce que vous entendiez un clic.
- Câble d'Alimentation CPU (8-Pins ou 4-Pins ATX12V) :

- Ensuite, localisez le câble d'alimentation CPU, souvent un connecteur 8 broches (parfois divisé en deux 4 broches). Il se branche généralement près du socket du processeur, en haut de la carte mère.

- Branchez-le soigneusement dans le connecteur correspondant. Ce câble alimente spécifiquement le processeur.

2. Connecter les Câbles des Ventilateurs

- Ventilateurs du Boîtier :

  - Les ventilateurs du boîtier se connectent généralement à des en-têtes spécifiques sur la carte mère, appelés "CHA_FAN" ou "SYS_FAN". "CHA_FAN" et "SYS_FAN" sont des en-têtes (headers) sur la carte mère dédiés à la connexion des ventilateurs de boîtier (case fans).

- CHA_FAN (Chassis Fan): Cet en-tête est spécifiquement conçu pour les ventilateurs du boîtier, qui aident à maintenir un flux d'air à l'intérieur du boîtier. Il permet à la carte mère de contrôler la vitesse des ventilateurs en fonction de la température détectée, garantissant un refroidissement optimal.

- SYS_FAN (System Fan): C'est un autre en-tête pour les ventilateurs du système. Comme le CHA_FAN, il est utilisé pour connecter les ventilateurs du boîtier. Parfois, une carte mère peut avoir plusieurs SYS_FAN pour gérer plusieurs ventilateurs de boîtier.

Ces en-têtes permettent de contrôler les ventilateurs via le

BIOS ou un logiciel de gestion, en ajustant la vitesse des ventilateurs en

fonction des besoins de refroidissement du
système.

- Identifiez ces en-têtes sur votre carte mère en consultant le manuel.

- Branchez chaque câble de ventilateur dans l'en-tête correspondant. Cela permettra à la carte mère de contrôler la vitesse des ventilateurs en fonction de la température du système.

- Ventilateur du CPU :

- Si vous avez installé un refroidisseur CPU avec un ventilateur, connectez-le à l'en-tête "CPU_FAN" sur la carte mère. Ce connecteur est généralement situé près du socket du processeur.

- Assurez-vous que ce connecteur est bien en place, car il est crucial pour le bon fonctionnement et le refroidissement de votre processeur.

3. Connecter les Câbles des Périphériques Internes (Optionnel)

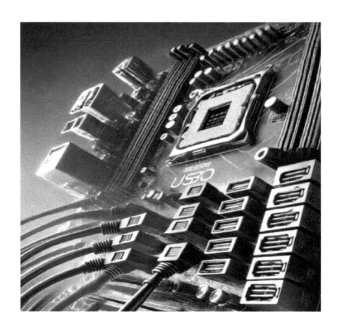

- Câbles USB, Audio, et Boutons du Boîtier :

    - Les câbles pour les ports USB frontaux, le son, et les boutons d'alimentation/réinitialisation du boîtier doivent également être connectés à la carte mère. Ces câbles sont généralement étiquetés, et les en-têtes correspondants sur la carte mère sont identifiés dans le manuel de la carte mère.

- Branchez ces câbles dans les en-têtes appropriés pour que les ports et boutons de votre boîtier soient fonctionnels.

- Câbles SATA pour les Disques durs/SSD :

  - Si vous avez déjà installé des disques durs ou SSD, connectez-les aux ports SATA de la carte mère à l'aide des câbles SATA fournis. Ces câbles sont souvent plats et fins, avec des connecteurs en forme de "L". Les câbles SATA (Serial ATA) sont utilisés pour connecter des disques durs (HDD), des SSD, et d'autres périphériques de stockage internes à la carte mère de votre ordinateur. Voici quelques points clés sur les câbles SATA :

1. Forme et Connecteurs :

Les câbles SATA sont généralement plats et fins. Ils ont des connecteurs en forme de "L" à chaque extrémité, ce qui aide à les insérer correctement dans les ports SATA.

Fonction :

Ils permettent de transférer des données entre le disque dur/SSD et la carte mère.

Un autre câble, appelé câble d'alimentation SATA, alimente le disque, tandis que le câble SATA gère les données.

Port SATA sur la Carte Mère :

La carte mère a plusieurs ports SATA où les câbles SATA se connectent pour permettre la communication entre les disques et le reste du système.

Utilisation :

Vous branchez une extrémité du câble SATA dans le disque dur ou SSD et l'autre dans le port SATA de la carte mère.

Les câbles SATA sont essentiels pour que les disques de stockage fonctionnent correctement dans un PC.

•

En suivant ces étapes, vous aurez installé correctement la carte mère dans le boîtier, en veillant à ce que tous les câbles essentiels soient connectés. Cela prépare votre système pour les étapes suivantes, comme l'installation de la carte graphique et le raccordement des disques durs. Une fois ces câbles branchés, votre PC commence à prendre forme et vous êtes bien avancé dans le processus d'assemblage.

8. Étape 4 : Installer le Système de Refroidissement

Le système de refroidissement est essentiel pour maintenir votre processeur et d'autres composants à des températures sûres, surtout lorsque vous utilisez votre PC pour des tâches exigeantes. Cette étape couvre l'installation des ventilateurs ou d'un système de refroidissement liquide, ainsi que les considérations importantes sur le flux d'air pour garantir un refroidissement efficace.

Illustration : Installation des Ventilateurs ou du Refroidissement Liquide

1. Installation des Ventilateurs du Boîtier

- Positionner les Ventilateurs :

  - Les ventilateurs du boîtier sont généralement installés à l'avant, à l'arrière, et parfois en haut ou en bas du boîtier. L'objectif est de créer un flux d'air optimal à travers le boîtier.

- En général, les ventilateurs à l'avant aspirent l'air frais dans le boîtier, tandis que ceux à l'arrière et en haut expulsent l'air chaud.

- Fixez les ventilateurs en les vissant aux emplacements prévus dans le boîtier. Assurez-vous que les flèches sur le côté des ventilateurs (indiquant la direction du flux d'air) pointent dans la bonne direction.

- Brancher les Ventilateurs :

  - Connectez les câbles des ventilateurs aux en-têtes appropriés sur la carte mère (généralement étiquetés "CHA_FAN" ou "SYS_FAN"). Vous pouvez aussi utiliser un contrôleur de ventilateurs ou un hub si votre carte mère n'a pas assez de connecteurs.

2. Installation du Refroidissement Liquide

- Fixer le Radiateur :

    - Si vous utilisez un système de refroidissement liquide, commencez par fixer le radiateur à l'emplacement prévu dans le boîtier. Cela peut être à l'avant, en haut, ou à l'arrière du boîtier.

Le choix de l'emplacement dépend de la conception du boîtier et de la taille du radiateur.

- Vissez le radiateur en place à l'aide des vis fournies. Si le radiateur est équipé de ventilateurs, assurez-vous que ces derniers sont montés de manière à aspirer ou à expulser l'air comme nécessaire.

- Monter le Waterblock sur le CPU :

- Le waterblock est la partie du système de refroidissement liquide qui se fixe directement sur le processeur. Avant de l'installer, assurez-vous que le CPU a bien de la pâte thermique appliquée (soit pré-appliquée sur le waterblock, soit ajoutée lors de l'installation du CPU).

- Positionnez le waterblock sur le processeur et fixez-le à l'aide des supports ou des vis fournis. Suivez les instructions du fabricant pour garantir un montage correct et sécurisé.

- Connectez les câbles du waterblock (alimentation et éventuellement contrôle RGB) à la carte mère ou à l'alimentation, selon les instructions du fabricant.

- Brancher les Pompes et les Ventilateurs :

- Les systèmes de refroidissement
  liquide incluent souvent des
  ventilateurs montés sur le
  radiateur et une pompe intégrée.
  Connectez les ventilateurs aux
  en-têtes de ventilateur de la carte
  mère, et la pompe à un
  connecteur d'alimentation
  (généralement un en-tête
  "PUMP_FAN" ou directement à
  l'alimentation via un connecteur
  SATA).

La pompe de refroidissement :

Une pompe dans un système de refroidissement liquide pour PC est un composant essentiel qui fait circuler le liquide de refroidissement à travers le système pour absorber et dissiper la chaleur du processeur (CPU). Voici à quoi cela ressemble généralement :

1. Forme et Structure :

- **La pompe est souvent intégrée dans**

le waterblock (la partie qui se fixe sur le CPU) ou attachée au radiateur.

- Elle a une forme cylindrique ou rectangulaire, avec des ports pour l'entrée et la sortie du liquide de refroidissement.

2. **Connecteurs** :

- La pompe a généralement un connecteur d'alimentation, souvent un connecteur 3 ou 4 broches, ou un connecteur SATA pour l'alimentation.
- Elle peut également avoir un connecteur pour se brancher à un en-tête "PUMP_FAN" sur la carte mère.

3. **Fonction** :

- La pompe fonctionne pour faire circuler le liquide dans le circuit, passant par le radiateur pour se refroidir avant de revenir au CPU.

Les pompes sont cruciales pour maintenir un flux constant de liquide, garantissant que le système de refroidissement fonctionne efficacement.

Considérations sur le Flux d'Air

Un bon flux d'air est crucial pour maintenir une température stable et éviter la surchauffe. Voici quelques conseils pour optimiser le flux d'air dans votre boîtier :

1. Orientation des Ventilateurs :

   - Air Entrant (Intake) : Placez les ventilateurs à l'avant et parfois en bas du boîtier pour aspirer l'air frais de l'extérieur vers l'intérieur du boîtier.

   - Air Sortant (Exhaust) : Les ventilateurs à l'arrière et en haut du boîtier doivent expulser l'air chaud hors du boîtier. Cette disposition aide à créer un flux d'air constant à travers le boîtier, en évacuant efficacement la chaleur générée par les composants.

2. Équilibre du Flux d'Air :

   - Flux d'Air Positif : Cela se produit lorsque vous avez plus de ventilateurs introduisant de l'air frais dans le boîtier que de ventilateurs expulsant de l'air chaud. Ce type de flux peut aider à réduire l'accumulation de poussière, car la pression d'air dans le boîtier est plus élevée que celle de l'extérieur.

- Flux d'Air Négatif : Cela se produit lorsque vous avez plus de ventilateurs expulsant de l'air chaud que de ventilateurs introduisant de l'air frais. Bien que cela puisse évacuer la chaleur plus rapidement, cela peut aussi entraîner plus de poussière entrant dans le boîtier.

3. Gestion des Câbles :

- Un bon routage des câbles est essentiel pour ne pas obstruer le flux d'air. Les câbles mal rangés peuvent bloquer le passage de l'air et réduire l'efficacité du refroidissement. Utilisez les attaches de câbles pour maintenir les câbles à l'écart du chemin du flux d'air.

4. Propreté du Boîtier :

- Les filtres à poussière doivent être nettoyés régulièrement pour éviter que la poussière ne réduise le flux d'air. Un boîtier propre améliore non seulement le refroidissement mais prolonge aussi la durée de vie de vos composants.

En suivant ces étapes pour installer votre système de refroidissement et en prenant en compte le flux d'air, vous garantissez que votre PC reste à une température optimale, même sous des charges de travail lourdes. Un bon refroidissement prolonge la durée de vie des composants et assure des performances stables, ce qui est essentiel pour tout PC bien conçu.

9. Étape 5 : Installer le GPU et les Stockages

L'installation de la carte graphique (GPU) et des dispositifs de stockage (disques durs et SSD) est une étape clé pour compléter le montage de votre PC. Cette étape implique de fixer la carte graphique dans le bon slot PCIe et de monter vos disques de stockage dans les emplacements prévus à cet effet dans le boîtier.

Fixation de la Carte Graphique (GPU)

1. Illustration : Fixation de la Carte Graphique

- **Identifier le Slot PCIe :**

- La carte graphique se fixe dans le slot PCIe x16, qui est généralement le plus long slot sur la carte mère et souvent situé près du processeur. Si vous avez plusieurs slots PCIe x16, utilisez celui le plus proche du processeur pour bénéficier des meilleures performances.

- Préparer le Slot PCIe :

  - Avant d'insérer la carte graphique, retirez les plaques d'obturation à l'arrière du boîtier correspondant aux emplacements du GPU. Ces plaques sont fixées par des vis ou clips, que vous devez retirer pour créer l'espace nécessaire pour les ports d'affichage de la carte graphique (HDMI, DisplayPort, etc.).

- Insérer la Carte Graphique :

  - Tenez la carte graphique par les bords, alignez-la avec le slot PCIe x16 et poussez-la fermement vers le bas jusqu'à ce que vous entendiez un clic. Ce clic indique que la carte est bien insérée et que le loquet de sécurité du slot PCIe est engagé.

  - Assurez-vous que la carte est bien parallèle à la carte mère et que les connecteurs sont bien en place.

- Visser la Carte Graphique :

  - Une fois la carte en place, utilisez les vis que vous avez retirées précédemment pour fixer le support métallique de la carte graphique à l'arrière du boîtier. Cela sécurise la carte et empêche tout mouvement lors du transport ou de l'utilisation.

2. Connecter l'Alimentation au GPU :

- Brancher les Câbles d'Alimentation :

  - La plupart des cartes graphiques modernes nécessitent une alimentation supplémentaire. Connectez les câbles d'alimentation PCIe de votre alimentation à la carte graphique (6 broches, 8 broches, ou une combinaison des deux, selon le modèle).

  - Assurez-vous que ces câbles sont bien enclenchés pour éviter toute déconnexion accidentelle.

Installation des Disques durs (HDD) et SSD

1. Installer les Disques durs (HDD)

   - Identifier les Baies de Disques durs :

      - La plupart des boîtiers ont des baies spécifiques pour les disques durs de 3,5 pouces. Ces baies peuvent être orientées horizontalement ou verticalement, et certaines sont dotées de tiroirs ou de cages amovibles pour faciliter l'installation.

- Fixer le Disque dur :

  - Insérez le disque dur dans une baie libre. Si votre boîtier utilise des rails ou des tiroirs, fixez le disque dur à l'aide des vis fournies ou du mécanisme sans vis (tool-less) s'il est disponible.

  - Pour les baies sans rails, vissez directement le disque dur aux emplacements prévus, en utilisant quatre vis (deux de chaque côté) pour le sécuriser.

- Brancher les Câbles :

  - Connectez un câble SATA entre le disque dur et un port SATA libre sur la carte mère. Ensuite, branchez un câble d'alimentation SATA de l'alimentation au disque dur. Ces câbles sont plats et se connectent de manière simple, avec une forme en "L" pour s'assurer d'un branchement correct.

2. Installer les SSD (SATA et M.2)

- SSD SATA (2,5 pouces) :

  - Pour un SSD SATA de 2,5 pouces, trouvez un emplacement approprié dans le boîtier, généralement à côté des baies de disques durs ou parfois à l'arrière du plateau de la carte mère.

  - Fixez le SSD en utilisant les vis fournies ou les supports prévus dans le boîtier.

  - Connectez le SSD à la carte mère à l'aide d'un câble SATA et branchez un câble d'alimentation SATA.

- SSD M.2 :

  - Les SSD M.2 se montent directement sur la carte mère dans un slot M.2. Localisez le slot M.2 sur la carte mère, généralement proche du CPU ou des slots PCIe.

  - Insérez le SSD M.2 dans le slot à un angle de 30 degrés, puis appuyez doucement jusqu'à ce qu'il soit à plat contre la carte mère.

- Fixez le SSD à l'aide de la petite vis fournie avec la carte mère ou avec le SSD. Cette vis se place à l'extrémité du SSD pour le maintenir en place.

3. Vérifier les Connexions

- Double-vérification :

  - Assurez-vous que tous les câbles (SATA, alimentation) sont bien connectés et solidement fixés.

  - Assurez-vous également que les disques sont bien fixés dans leurs emplacements respectifs pour éviter tout mouvement ou vibration.

En suivant ces étapes, vous aurez correctement installé la carte graphique et les dispositifs de stockage dans votre PC. Ces composants sont essentiels pour les performances graphiques et la capacité de stockage, et une installation correcte garantit que votre PC fonctionnera de manière optimale. Vous êtes maintenant prêt à passer à la configuration et au test de votre système.

10. Étape 6 : Connecter l'Alimentation

Le PSU (Power Supply Unit) est le composant de l'ordinateur qui fournit de l'énergie à tous les autres composants.

Qu'est-ce qu'un PSU ?

Le PSU convertit le courant alternatif (AC) de votre prise murale en courant continu (DC) que les composants du PC peuvent utiliser. Il répartit ensuite cette énergie entre les différents composants via plusieurs câbles.

Connexions principales du PSU :

1. **Câble d'alimentation principal (24-Pins ATX) :**

   - Ce câble alimente la carte mère et doit être connecté au connecteur 24 broches de la carte mère.
   - C'est le plus grand câble et il alimente la carte mère pour permettre à l'ordinateur de démarrer.

2. **Câble d'alimentation CPU (4-Pins ou 8-Pins ATX12V) :**

   - Alimente directement le processeur (CPU).
   - Ce câble est généralement situé près du processeur sur la carte mère.

3. **Câbles PCIe :**

   - Ces câbles alimentent les composants gourmands en énergie comme les cartes graphiques (GPU).
   - Ils se connectent directement aux cartes graphiques via des connecteurs 6-pin ou 8-pin.

4. **Câbles SATA** :

- Ils alimentent les disques durs (HDD), les SSD, et parfois les périphériques supplémentaires comme les lecteurs optiques.
- Les câbles SATA sont fins, avec des connecteurs en forme de "L".

5. **Câbles Molex** :

- Bien que moins utilisés de nos jours, les câbles Molex peuvent alimenter certains anciens périphériques ou ventilateurs.

Processus de Connexion du PSU :

1. Installer le PSU dans le boîtier :

- Le PSU est généralement placé en bas ou en haut du boîtier, selon la conception.
- Fixez-le avec des vis pour qu'il soit bien sécurisé.

2. Connecter les Câbles :

- Connectez d'abord le câble 24-pins à la carte mère.
- Ensuite, connectez le câble d'alimentation CPU (8-pins ou 4-pins).
- Branchez les câbles PCIe aux cartes graphiques si nécessaire.
- Connectez les câbles SATA aux disques durs et SSD.
- Organisez et attachez les câbles pour éviter le désordre et améliorer la circulation de l'air.

Importance de la Connexion Correcte du PSU :

Une connexion correcte du PSU garantit que tous les composants reçoivent une alimentation stable et adéquate, ce qui est essentiel pour le bon fonctionnement et la longévité du système.

La connexion de l'alimentation (PSU) à tous les composants de votre PC est une étape cruciale. Elle assure que chaque composant reçoit l'énergie nécessaire pour fonctionner correctement. Voici comment brancher tous les connecteurs de l'alimentation et vérifier la gestion des câbles pour un flux d'air optimal et un intérieur bien organisé.

Illustration : Brancher tous les Connecteurs du PSU

1. Brancher les Connecteurs Principaux

- Câble d'Alimentation Principal (24-Pins ATX) :

    - Ce câble est le plus grand et le plus large. Il se branche dans le connecteur 24 broches de la carte mère, généralement situé sur le côté droit de la carte mère.

- Alignez le connecteur avec le port, puis appuyez fermement jusqu'à ce qu'il s'enclenche avec un clic audible, garantissant une connexion sécurisée.

- Câble d'Alimentation CPU (8-Pins ou 4-Pins ATX12V) :

    - Ce câble, généralement situé en haut de la carte mère, est essentiel pour alimenter le processeur. Il peut être un connecteur 8 broches ou un 4 broches, en fonction de la carte mère.

    - Branchez ce câble dans le connecteur correspondant près du socket CPU. Comme pour le connecteur 24 broches, assurez-vous qu'il est bien enclenché.

2. Brancher les Connecteurs PCIe pour le GPU

- Câbles d'Alimentation PCIe :

    - Si votre carte graphique

nécessite une alimentation supplémentaire, vous devrez connecter un ou plusieurs câbles PCIe (6 ou 8 broches) du PSU à la carte graphique.

- Insérez ces câbles dans les ports PCIe correspondants sur la carte graphique, assurant ainsi une alimentation adéquate pour le GPU, surtout pour les tâches graphiques lourdes.

3. Brancher les Câbles pour les Stockages (HDD et SSD)

- Câbles d'Alimentation SATA :

  - Les disques durs (HDD) et les SSD nécessitent une alimentation via des câbles SATA. Chaque câble SATA se branche directement à partir de l'alimentation vers les connecteurs d'alimentation de chaque disque.

  - Insérez le connecteur SATA dans le port d'alimentation du disque jusqu'à ce qu'il soit fermement en place. Assurez-vous que tous les disques durs et SSD sont correctement connectés pour éviter toute perte de données ou défaillance.

4. Connecter les Autres Composants

- Ventilateurs et Autres Périphériques :

  - Certains ventilateurs ou périphériques peuvent nécessiter une alimentation directe du PSU, via des connecteurs Molex ou SATA. Vérifiez chaque composant pour vous assurer qu'il reçoit l'alimentation appropriée.

  - Connectez ces câbles aux en-têtes ou connecteurs appropriés sur la carte mère ou directement à l'alimentation.

Vérification de la Gestion des Câbles

1. Organiser les Câbles pour un Flux d'Air Optimal

- Routage des Câbles :

- Faites passer les câbles derrière la carte mère ou à travers les passages de câbles prévus dans le boîtier. Cela permet de dégager l'espace autour de la carte mère et des autres composants, facilitant le flux d'air.

- Évitez de laisser des câbles pendre ou bloquer les ventilateurs, ce qui pourrait obstruer le refroidissement et réduire l'efficacité du système.

- Attaches de Câbles :

  - Utilisez des attaches de câbles (colsons) ou des bandes Velcro pour regrouper les câbles de manière ordonnée. Attachez-les aux points d'ancrage dans le boîtier pour les maintenir en place.

  - Une bonne gestion des câbles non seulement améliore l'esthétique intérieure de votre PC mais aussi sa performance en réduisant les obstacles au flux d'air.

2. Vérification Finale des Connexions

- Double Vérification :

    - Avant de refermer le boîtier, passez en revue toutes les connexions pour vous assurer qu'aucun câble n'est oublié ou mal branché. Vérifiez chaque connexion, en particulier les câbles d'alimentation principaux, CPU, GPU, et SATA.

    - Assurez-vous également que tous les câbles sont bien sécurisés et qu'il n'y a pas de tension excessive ou de courbure extrême qui pourrait endommager les câbles au fil du temps.

- Test Préliminaire :

    - Une fois tous les câbles connectés et organisés, branchez votre PC à une prise électrique, mais ne le démarrez pas encore. Appuyez sur le bouton d'alimentation pour vérifier que les ventilateurs se mettent en marche et que les LEDs s'allument, indiquant que le système est correctement alimenté.

En suivant ces étapes, vous aurez correctement connecté l'alimentation à tous les composants de votre PC et géré les câbles de manière efficace. Une bonne gestion des câbles et des connexions sécurisées garantissent non seulement un PC fonctionnel et performant mais aussi un intérieur propre et facile à entretenir. Vous êtes maintenant prêt à passer à la configuration finale et à l'installation du système d'exploitation.

11. Étape 7 : Vérifier et Démarrer le PC

Cette étape est cruciale pour vous assurer que tout est bien connecté et que votre PC est prêt à fonctionner. Avant de passer au premier démarrage, une dernière vérification des connexions est essentielle. Ensuite, vous pourrez démarrer votre PC et accéder au BIOS pour configurer les paramètres de base.

Vérification des Connexions

1. Double Vérification des Connexions Internes

   - Alimentation :

     - Assurez-vous que tous les câbles d'alimentation sont correctement connectés : le câble principal de 24 broches à la carte mère, le câble d'alimentation du processeur (8 broches ou 4 broches), les câbles PCIe pour le GPU, et les câbles SATA pour les disques durs et SSD.

     - Vérifiez que tous les connecteurs sont bien enclenchés et qu'aucun câble n'est desserré.

- Câbles de Données :

  - Vérifiez les câbles SATA entre les disques de stockage (HDD/SSD) et la carte mère. Assurez-vous qu'ils sont bien connectés et qu'ils ne sont pas pliés de manière excessive.

- Ventilateurs et Refroidissement :

  - Assurez-vous que tous les ventilateurs sont connectés aux en-têtes de la carte mère ou à un hub de ventilateurs, et qu'ils sont bien fixés.

  - Vérifiez que le système de refroidissement CPU (ventilateur ou waterblock) est correctement branché et fixé.

2. Vérification des Connexions Externes

- Moniteur :

  - Connectez votre moniteur à la carte graphique via un câble HDMI, DisplayPort, ou DVI. Assurez-vous que le moniteur est alimenté et sélectionné sur la bonne entrée vidéo.

- Clavier et Souris :

  - Branchez votre clavier et votre souris à des ports USB sur la carte mère ou sur le boîtier.

- Alimentation :

  - Branchez le câble d'alimentation principal du PSU à une prise électrique. Assurez-vous que l'interrupteur du PSU est sur la position "On" (I).

Premier Démarrage et Accès au BIOS

1. Premier Démarrage

- Appuyer sur le Bouton d'Alimentation :

- Appuyez sur le bouton d'alimentation situé à l'avant de votre boîtier. Si tout est correctement connecté, vous devriez voir les ventilateurs commencer à tourner, les LEDs s'allumer, et le moniteur afficher le logo du fabricant de la carte mère ou un écran de démarrage.

- Écoutez attentivement les bips de la carte mère. Un seul bip court signifie généralement que tout va bien. Plusieurs bips ou une absence de signal vidéo peuvent indiquer un problème de connexion ou de composant.

2. Accès au BIOS

- Entrer dans le BIOS :

  - Dès que vous allumez votre PC, appuyez immédiatement sur la touche indiquée pour accéder au BIOS (généralement "Delete", "F2", ou "Esc" selon la carte mère). Cette information est généralement affichée brièvement à l'écran lors du démarrage.

- Si vous ne parvenez pas à entrer dans le BIOS, redémarrez le PC et réessayez en appuyant sur la touche à plusieurs reprises.

- Vérifier les Paramètres de Base :

  - Une fois dans le BIOS, vérifiez que tous les composants sont correctement détectés :

Pour quelqu'un qui n'est pas familier avec l'informatique, entrer dans le BIOS et vérifier les composants peut sembler intimidant, mais c'est plus simple qu'il n'y paraît. Voici un guide étape par étape pour vous aider à naviguer dans le BIOS et effectuer ces vérifications.

Étape 1 : Entrer dans le BIOS

- **Comment faire :** Dès que vous appuyez sur le bouton d'alimentation pour allumer votre PC, commencez immédiatement à appuyer sur la touche spécifique pour entrer dans le BIOS. Cette touche est souvent "Delete", "F2", ou "Esc". Vous verrez un écran noir avec des indications de démarrage, c'est là que vous devez appuyer sur la touche pour entrer dans le BIOS.

Étape 2 : Vérifier les Composants

Une fois dans le BIOS, vous verrez un écran avec des options de configuration.

Voici comment vérifier que vos composants sont bien détectés :

1. **Processeur :**

   - **Où chercher :** Sur l'écran d'accueil du BIOS ou dans un onglet appelé "Main" ou "System Information", vous verrez des informations sur le processeur. Cherchez une ligne qui indique le modèle de votre processeur (par exemple, "Intel Core i7" ou

"AMD Ryzen 5").

- **Que vérifier :** Assurez-vous que le processeur affiché correspond bien à celui que vous avez installé. Si c'est le cas, tout est en ordre.

2. RAM :

- **Où chercher :** Toujours dans l'onglet "Main" ou "System Information", vous devriez voir la quantité totale de RAM installée (par exemple, "16 GB").
- **Que vérifier :** Assurez-vous que la quantité de RAM affichée correspond à la quantité que vous avez installée. Si vous avez installé 16 Go de RAM, le BIOS doit afficher 16 GB.
- **Vérifiez la vitesse de la RAM :** Si le BIOS affiche une vitesse de RAM (par exemple, "3200 MHz"), assurez-vous qu'elle correspond à la vitesse de votre RAM.

3. Stockage (Disques durs et SSD) :

- **Où chercher :** Recherchez un onglet ou une section appelée "Storage", "Boot", ou "SATA Configuration".
- **Que vérifier :** Ici, vous verrez une

liste de vos disques durs et SSD. Vérifiez que tous les disques que vous avez installés sont bien détectés. Par exemple, si vous avez installé un SSD de 500 Go et un disque dur de 1 To, ils devraient apparaître dans cette section.

Étape 3 : Configurer l'Ordre de Démarrage (Boot Order)

Le BIOS permet de choisir l'ordre dans lequel les périphériques de stockage sont utilisés pour démarrer l'ordinateur.

1. **Accéder aux paramètres de Boot :**

   - **Où chercher :** Recherchez un onglet ou une section appelée "Boot" ou "Boot Order".
   - **Que faire :** Vous verrez une liste des périphériques de stockage (SSD, disques durs, clé USB, etc.). Le périphérique en haut de la liste est celui que le PC essaiera de démarrer en premier.

2. **Configurer l'ordre de démarrage :**

   - **Comment faire :** Utilisez les touches fléchées pour sélectionner le disque sur lequel vous allez installer votre système d'exploitation (généralement un SSD). Ensuite, utilisez une touche indiquée à l'écran (souvent "+" ou "-") pour déplacer ce disque en haut de la liste.

3. **Enregistrer les modifications et quitter :**

- **Comment faire :** Après avoir configuré l'ordre de démarrage, recherchez l'option "Save & Exit" ou "Save Changes and Exit" (souvent située dans un onglet en haut). Sélectionnez cette option pour enregistrer vos paramètres et redémarrer l'ordinateur.

Ces étapes vous assurent que votre ordinateur reconnaît correctement tous les composants et qu'il est configuré pour démarrer à partir du bon disque. Une fois cette configuration terminée, vous êtes prêt à installer votre système d'exploitation, comme Windows ou Linux.

3. Problèmes Potentiels et Solutions

- Pas d'Affichage ou Bips d'Alerte :
  - Si le PC ne démarre pas

correctement, ou si vous entendez des bips d'alerte, éteignez-le et vérifiez à nouveau toutes les connexions. Assurez-vous que la carte graphique est bien enfoncée dans le slot PCIe, que la RAM est correctement installée, et que le processeur est bien alimenté.

- Réinitialisation du BIOS :

  - Si le PC ne démarre toujours pas, essayez de réinitialiser le BIOS en utilisant le cavalier de réinitialisation CMOS ou en retirant la pile CMOS pendant quelques minutes avant de la remettre en place.

Réinitialiser le BIOS en utilisant le cavalier de réinitialisation CMOS est une méthode pour rétablir les paramètres par défaut du BIOS sur une carte mère. Cela peut être utile si ton PC ne démarre pas correctement ou si tu as modifié des paramètres du BIOS qui causent des problèmes.

Qu'est-ce que le CMOS ?

- **CMOS (Complementary Metal-Oxide-Semiconductor)** : C'est une petite mémoire sur la carte mère qui stocke les paramètres du BIOS, comme les réglages de l'horloge, l'ordre de démarrage, et d'autres configurations système.
- **Batterie CMOS** : La mémoire CMOS est alimentée par une petite batterie, souvent une pile bouton, pour conserver ces paramètres même lorsque le PC est éteint.

Qu'est-ce qu'un cavalier de réinitialisation CMOS ?

- **Cavalier** : Un cavalier est un petit connecteur en plastique qui relie deux broches métalliques sur la carte mère. Ces broches sont connectées à la mémoire CMOS.
- **Réinitialisation CMOS** : En déplaçant le cavalier pour qu'il connecte une paire de broches différente, tu effaces les paramètres

stockés dans la mémoire CMOS, ce qui réinitialise le BIOS à ses paramètres par défaut.

Comment réinitialiser le BIOS avec le cavalier CMOS ?

1. **Éteins ton ordinateur** : Assure-toi que le PC est complètement éteint et débranché de l'alimentation.

2. **Ouvre le boîtier** : Retire les panneaux latéraux du boîtier pour accéder à la carte mère.

3. **Localise le cavalier CMOS** : Cherche un petit bloc de broches sur la carte mère avec un cavalier en plastique dessus. Il est souvent situé près de la batterie CMOS et peut être étiqueté "CLR_CMOS", "RESET", ou quelque chose de similaire.

4. **Déplace le cavalier** :

   - **Position actuelle** : Le cavalier est normalement en position "Run" (fonctionnement normal), reliant deux des trois broches.
   - **Position de réinitialisation** : Pour réinitialiser le BIOS, retire le cavalier

de sa position actuelle et place-le sur les deux broches adjacentes pour quelques secondes.

- **Remettre le cavalier** : Remets le cavalier dans sa position initiale.

5. **Remets sous tension** : Replace le panneau latéral du boîtier, rebranche l'alimentation, et allume l'ordinateur. Le BIOS devrait maintenant être réinitialisé à ses paramètres par défaut.

Pourquoi utiliser le cavalier de réinitialisation CMOS ?

- **Résoudre des problèmes de démarrage** : Si ton PC ne démarre pas après un changement de paramètres dans le BIOS, la réinitialisation peut résoudre le problème.

- **Effacer des configurations incorrectes** : Si tu as accidentellement configuré quelque chose dans le BIOS qui cause des problèmes, la réinitialisation te permet de revenir aux paramètres par défaut.

En réinitialisant le BIOS, tu effaces tous les paramètres personnalisés, donc tu devras reconfigurer ton BIOS après cette procédure.

Autrement dit... :

Lorsque ton PC ne démarre pas correctement ou si tu as modifié des réglages dans le BIOS qui causent des problèmes, il peut être utile de réinitialiser le BIOS pour revenir aux paramètres par défaut.

Qu'est-ce que le BIOS et le CMOS ?

- **Le BIOS** : C'est un programme qui s'exécute automatiquement lorsque tu allumes ton ordinateur. Il contrôle les premières étapes du démarrage du PC et vérifie que tous les composants matériels fonctionnent correctement.
- **Le CMOS** : C'est une petite mémoire sur la carte mère (le circuit principal de ton ordinateur) qui stocke les réglages du BIOS, comme l'horloge de l'ordinateur et l'ordre dans lequel il démarre les différents disques.

Qu'est-ce qu'un cavalier CMOS ?

- **Cavalier** : Un cavalier est donc ce type de petit morceau de plastique qui se trouve sur deux petites broches métalliques de la carte mère. Il sert à connecter ces broches pour effectuer certaines actions spécifiques, comme réinitialiser le BIOS.
- **Réinitialiser le CMOS** : Cela signifie que tu vas effacer les paramètres du BIOS et les remettre à zéro, c'est-à-dire aux paramètres par défaut que l'ordinateur avait lorsque tu l'as acheté.

Comment réinitialiser le BIOS avec le cavalier CMOS ?

1. **Éteins l'ordinateur** : Assure-toi que l'ordinateur est complètement éteint et débranché du courant.

2. **Ouvre le boîtier** : Retire les panneaux du boîtier de l'ordinateur pour accéder à la carte mère (le grand circuit imprimé à l'intérieur).

3. **Trouve le cavalier CMOS** : Regarde sur la carte mère pour trouver un petit bloc de broches (généralement trois) avec un petit capuchon en plastique dessus. Ce capuchon est le cavalier CMOS.

4. **Déplace le cavalier** :

   - **Position actuelle** : Le cavalier est généralement placé sur deux des trois broches.
   - **Position de réinitialisation** : Retire le cavalier et place-le sur les deux autres broches pendant quelques secondes.
   - **Remets le cavalier** : Remets le cavalier dans sa position initiale.

5. **Remets sous tension** : Referme le boîtier, rebranche l'ordinateur et allume-le. Le

BIOS sera réinitialisé et l'ordinateur devrait démarrer normalement.

Pourquoi faire cela ?

Si ton ordinateur ne démarre pas ou si tu as modifié des réglages qui causent des problèmes, cette méthode permet de remettre tout à zéro, comme au premier jour. Cela peut souvent résoudre des problèmes de démarrage.

Après avoir réinitialisé le BIOS, il se peut que tu doives ajuster à nouveau certains paramètres pour qu'ils correspondent à ta configuration (comme l'ordre de démarrage des disques déjà vus dans l'étape précédente).

En suivant ces étapes, vous serez en mesure de démarrer votre PC pour la première fois, d'accéder au BIOS, et de vérifier que tous les composants sont correctement installés et fonctionnent. C'est un moment excitant, car c'est la première fois que vous voyez votre travail prendre vie ! Une fois cette étape franchie, vous êtes prêt à installer le système d'exploitation et à profiter de votre nouvelle machine.

12. Installation du Système d'Exploitation

L'installation du système d'exploitation (OS) est la dernière étape majeure avant de pouvoir utiliser pleinement votre nouveau PC. Le système d'exploitation est le logiciel principal qui gère le matériel et les logiciels de votre ordinateur. Voici comment choisir le bon OS, créer une clé USB bootable, installer l'OS, et enfin, installer les pilotes nécessaires pour que tout fonctionne correctement.

Choix du Système d'Exploitation (Windows, Linux)

1. Windows :

- Pourquoi Choisir Windows ? :

  - Windows est le système d'exploitation le plus populaire, compatible avec la majorité des logiciels et des jeux. Il est facile à utiliser pour les débutants et bénéficie d'un large support, tant des fabricants de matériel que des développeurs de logiciels.

- Versions Disponibles :

- La version la plus couramment utilisée est Windows 10, mais Windows 11 est également disponible et offre des fonctionnalités plus modernes. Choisissez la version qui convient le mieux à vos besoins.

2. Linux :

- Pourquoi Choisir Linux ? :

  - Linux est un système d'exploitation open-source, gratuit et très flexible. Il est particulièrement apprécié des développeurs, des utilisateurs expérimentés, et pour les serveurs. Linux est également moins exigeant en termes de ressources matérielles et est plus sécurisé par défaut.

- Distributions Disponibles :

  - Il existe de nombreuses distributions Linux, comme Ubuntu, Fedora, et Linux Mint, qui sont adaptées à différents types d'utilisateurs. Ubuntu est l'une des plus populaires pour les débutants, car elle est facile à installer et à utiliser.

Créer une Clé USB Bootable

1. Télécharger l'ISO du Système d'Exploitation :

   - Windows :

     - Rendez-vous sur le site officiel de Microsoft et téléchargez l'outil de création de média pour Windows 10 ou Windows 11. Cet outil vous permettra de télécharger l'image ISO de Windows et de créer une clé USB bootable directement.

   - Linux :

     - Pour Linux, téléchargez l'image ISO de la distribution de votre choix depuis le site officiel (par exemple, ubuntu.com pour Ubuntu).

Qu'est-ce qu'une image ISO ?

Une **image ISO** est un fichier unique qui contient une copie exacte de tout ce qui se trouve sur un CD, un DVD, ou un Blu-ray. C'est comme si vous preniez une photo numérique de tout le contenu d'un disque et que vous le mettiez dans un seul fichier. Ce fichier ISO peut ensuite être utilisé de différentes manières.

À quoi sert une image ISO ?

1. **Installation de logiciels ou de systèmes d'exploitation** :

   - Les images ISO sont souvent utilisées pour distribuer des systèmes d'exploitation (comme Windows ou Linux) ou des logiciels volumineux. Par exemple, lorsque vous téléchargez Windows depuis le site de Microsoft, le fichier que vous obtenez est généralement une image ISO.

2. **Créer une clé USB bootable** :

   - Une image ISO peut être copiée sur une clé USB pour créer une clé USB "bootable". Cela signifie que vous pouvez utiliser cette clé USB pour démarrer votre ordinateur et installer un système d'exploitation, comme si vous utilisiez un CD ou un DVD.

- Pour créer une clé USB bootable, vous pouvez utiliser des programmes comme **Rufus** ou **Etcher**. Ces outils permettent de copier l'image ISO sur la clé USB et de la préparer pour démarrer l'ordinateur.

3. **Utilisation directe d'une image ISO** :

- Vous pouvez utiliser une image ISO directement sur votre ordinateur sans avoir besoin de la graver sur un disque ou de la mettre sur une clé USB. Des logiciels comme **Daemon Tools** ou **WinCDEmu** permettent d'"ouvrir" une image ISO comme si elle était un disque inséré dans un lecteur de DVD.

Comment créer ou utiliser une image ISO ?

1. **Téléchargement d'une image ISO** :

- Vous pouvez télécharger des images ISO, comme celles des systèmes d'exploitation, sur les sites officiels. Par exemple, vous pouvez télécharger l'image ISO de Windows 10 sur le site de Microsoft.

2. **Créer une clé USB bootable** :

- Utilisez un programme comme Rufus pour copier l'image ISO sur une clé USB. Ce programme formate la clé USB et y transfère les fichiers pour qu'elle puisse démarrer l'ordinateur.

3. **Ouvrir une image ISO directement** :

- Sur Windows 10 ou 11, vous pouvez ouvrir une image ISO en cliquant simplement dessus avec le bouton droit de la souris et en sélectionnant "Monter". Cela vous permet de voir et d'utiliser les fichiers de l'ISO comme s'ils étaient sur un CD ou un DVD.

Pourquoi utiliser une image ISO ?

- **Sauvegarde complète** : Une image ISO est une manière pratique de sauvegarder tout le contenu d'un disque, y compris les fichiers importants et les fichiers nécessaires pour démarrer un ordinateur.
- **Facile à partager** : Un fichier ISO est facile à copier, à partager, ou à stocker sur des clés USB ou des disques durs.
- **Émulation facile** : Vous pouvez utiliser une image ISO directement sur votre

ordinateur sans avoir besoin de graver un disque physique, ce qui est pratique et rapide.

2. Créer la Clé USB Bootable :

- Utiliser un Logiciel pour Créer une Clé USB Bootable :
  - Rufus (Windows) ou Etcher (multi-plateforme) sont des

outils populaires pour créer une clé USB bootable.

- Insérez une clé USB d'au moins 8 Go dans votre ordinateur, lancez Rufus ou Etcher, sélectionnez l'image ISO que vous avez téléchargée, puis sélectionnez la clé USB comme périphérique de destination.

- Cliquez sur "Démarrer" pour créer la clé USB bootable. Le processus effacera tout ce qui se trouve sur la clé USB, alors assurez-vous qu'elle ne contient pas de données importantes.

3. Configurer le BIOS pour Démarrer depuis la Clé USB :

- Accéder au BIOS :

  - Redémarrez votre PC et accédez au BIOS en appuyant sur la touche appropriée (souvent "Delete", "F2", ou "Esc").

- Changer l'Ordre de Démarrage :

  - Dans le BIOS, trouvez le menu

"Boot" ou "Démarrage" et placez la clé USB en haut de la liste des périphériques de démarrage. Cela permettra à votre PC de démarrer à partir de la clé USB et d'initier l'installation de l'OS.

Installer les Pilotes Nécessaires

1. Installer le Système d'Exploitation :

- Windows :

  - Lorsque votre PC démarre à partir de la clé USB, suivez les instructions à l'écran pour installer Windows. Vous serez invité à entrer votre clé de produit (si vous en avez une) et à sélectionner le disque sur lequel installer Windows.

- Linux :

  - Pour Linux, le processus est similaire. Suivez les instructions à l'écran pour sélectionner le disque et configurer votre partitionnement (choisissez l'installation automatique si vous n'êtes pas sûr).

2. Configurer Windows/Linux :

- Configurer Windows :

    - Après l'installation, Windows vous guidera à travers la configuration initiale : création d'un compte utilisateur, connexion à Internet, etc. Windows Update se chargera automatiquement de télécharger les pilotes génériques.

- Configurer Linux :

    - Sous Linux, la configuration initiale vous permettra de créer un compte utilisateur, de configurer le réseau, et de mettre à jour le système.

3. Installer les Pilotes Spécifiques :

- Windows :

    - Après l'installation, rendez-vous dans le "Gestionnaire de périphériques" pour vérifier que tous les composants matériels (carte graphique, carte réseau, etc.) sont bien reconnus. Si certains pilotes manquent, téléchargez-les depuis les sites des fabricants (NVIDIA, AMD, Intel, etc.).

- Il est aussi recommandé de visiter le site du fabricant de votre carte mère pour installer les derniers pilotes pour le chipset, le réseau, l'audio, et autres composants intégrés.

- Linux :

    - Sous Linux, la plupart des pilotes sont intégrés au noyau Linux. Cependant, pour certaines cartes graphiques (comme NVIDIA), vous devrez peut-être installer un pilote propriétaire pour de meilleures performances. Cela peut généralement être fait via le gestionnaire de logiciels ou les paramètres du système.

4. Mettre à Jour l'OS et les Pilotes :

- Windows :

  - Une fois tous les pilotes installés, utilisez Windows Update pour rechercher et installer les dernières mises à jour de sécurité et de fonctionnalités.

- Linux :

  - Sous Linux, utilisez la commande "sudo apt update && sudo apt upgrade" (pour Ubuntu et dérivés) pour vous assurer que votre système et vos pilotes sont à jour.

En suivant ces étapes, vous aurez installé avec succès le système d'exploitation et les pilotes nécessaires, rendant votre PC pleinement opérationnel. Vous pouvez maintenant commencer à utiliser votre nouvelle machine pour le travail, les jeux, ou toute autre activité que vous aviez en tête lorsque vous avez entrepris de construire votre propre PC.

13. Dépannage et Conseils

Après avoir assemblé votre PC et installé le système d'exploitation, il peut arriver que tout ne se passe pas comme prévu. Si votre PC ne démarre pas ou si vous rencontrez d'autres problèmes, ne paniquez pas. Voici un guide de dépannage pour résoudre les problèmes courants, ainsi que des conseils et des ressources pour obtenir de l'aide supplémentaire.

Que Faire si le PC ne Démarre Pas ?

1. Vérification des Connexions

- Alimentation : Vérifiez que l'alimentation est bien branchée à la prise de courant et que l'interrupteur de l'alimentation est sur "On". Assurez-vous que tous les câbles d'alimentation (24 broches, 8 broches CPU, PCIe pour le GPU) sont correctement branchés.

- Carte Mère : Vérifiez que la carte mère reçoit de l'alimentation. Les LEDs de la carte mère devraient s'allumer lorsque l'alimentation est connectée. Si ce n'est pas le cas, revérifiez les connexions d'alimentation.

- Bouton d'Alimentation : Assurez-vous que le câble du bouton d'alimentation est correctement connecté à l'en-tête correspondant sur la carte mère. Il est facile de brancher ce câble sur le mauvais en-tête, ce qui empêcherait le PC de s'allumer.

2. Bips du BIOS et Codes d'Erreur

- Bips du BIOS : Si votre PC émet une série de bips après avoir appuyé sur le bouton d'alimentation, cela indique un problème matériel. Consultez le manuel de la carte mère pour décoder les bips du BIOS et identifier le problème (par exemple, un problème de RAM, de GPU, ou de CPU).

- Écran Noir ou Aucun Affichage : Si le PC semble démarrer (ventilateurs en marche, LEDs allumées) mais qu'il n'y a pas d'affichage, vérifiez que la carte graphique est bien enfoncée dans le slot PCIe et que le câble vidéo est correctement connecté au moniteur. Essayez un autre port sur la carte graphique ou un autre câble si possible.

3. Réinitialisation du BIOS

- Réinitialiser le BIOS (Clear CMOS) : Si le PC ne démarre toujours pas, essayez de réinitialiser le BIOS. Cela peut être fait en utilisant le cavalier de réinitialisation CMOS sur la carte mère ou en retirant la pile CMOS pendant quelques minutes avant de la remettre en place. Cela réinitialisera les paramètres du BIOS aux valeurs par défaut.

Problèmes Courants et Solutions

1. Problèmes de Démarrage

- Pas de Réaction Lors de l'Appui sur le Bouton d'Alimentation :
  - Vérifiez que l'alimentation est bien connectée. Si rien ne se passe, essayez une autre prise électrique ou un autre câble d'alimentation.
  - Vérifiez les connexions du bouton d'alimentation à la carte

mère.

- Redémarrages en Boucle ou Plantages :

  - Cela peut indiquer un problème de surchauffe. Assurez-vous que le refroidisseur du CPU est bien installé et que tous les ventilateurs fonctionnent correctement.

  - Vérifiez les paramètres du BIOS, en particulier les réglages de tension et de fréquence si vous avez overclocké le CPU ou la RAM.

2. Problèmes d'Affichage

- Aucun Signal Vidéo :

  - Vérifiez que la carte graphique est bien connectée et que les câbles sont correctement branchés. Essayez de démarrer le PC avec un seul module de RAM ou d'utiliser la sortie vidéo intégrée à la carte mère (si disponible) pour tester l'affichage.

- Résolution ou Taux de Rafraîchissement Incorrects :
    - Après l'installation du système d'exploitation, assurez-vous que les pilotes de la carte graphique sont à jour. Les problèmes de résolution ou de taux de rafraîchissement peuvent souvent être corrigés par la mise à jour ou la réinstallation des pilotes graphiques.

3. Problèmes de Stockage

- Disque dur ou SSD non détecté :
    - Vérifiez les connexions SATA et d'alimentation des disques. Assurez-vous que les câbles sont correctement branchés et essayez un autre port SATA sur la carte mère.
    - Allez dans le BIOS pour vérifier que le disque est détecté et qu'il est configuré comme périphérique de démarrage si nécessaire.

4. Problèmes de Mémoire (RAM)

- Bips au Démarrage Indiquant un Problème de RAM :
  - Assurez-vous que les modules de RAM sont bien enfoncés dans les slots. Essayez de démarrer le PC avec un seul module de RAM, en testant chaque module et chaque slot séparément pour identifier une éventuelle défaillance.
- PC qui Freeze ou Plante :
  - Cela peut être dû à un problème de RAM ou à un réglage incorrect dans le BIOS (comme un profil XMP mal configuré). Essayez de réinitialiser le BIOS aux paramètres par défaut et de désactiver les profils XMP pour voir si cela résout le problème.

Ressources Supplémentaires (Forums, Communautés)

1. Forums et Communautés d'Entraide
   - Tom's Hardware :
     - Un forum très actif avec des

sections dédiées au dépannage des PC. Vous pouvez poser des questions spécifiques et obtenir des réponses de la communauté.

- Tom's Hardware Forum

- Reddit (r/buildapc et r/techsupport) :
  - Ces sous-forums sont parfaits pour poser des questions techniques ou obtenir des conseils sur la construction de PC. La communauté est accueillante et utile pour les débutants.
  - r/buildapc
  - r/techsupport

- Linus Tech Tips Forum :
  - Une autre excellente ressource pour le dépannage des PC. La communauté est très réactive et dispose de nombreuses discussions sur les problèmes courants.
  - Linus Tech Tips Forum

2. Vidéos Tutoriels

- YouTube :

  - Il existe de nombreuses chaînes YouTube spécialisées dans le montage et le dépannage de PC, comme Linus Tech Tips, JayzTwoCents, et Gamers Nexus. Ces chaînes offrent des vidéos détaillées qui peuvent vous guider à travers les problèmes courants.

3. Support Technique des Fabricants

- Sites Web des Fabricants :

  - Si vous rencontrez des problèmes spécifiques avec du matériel (comme la carte mère, la carte graphique, etc.), consultez le site web du fabricant pour accéder aux guides de dépannage, aux mises à jour de pilotes, et au support technique.

En suivant ces conseils et en utilisant les ressources mentionnées, vous devriez être en mesure de résoudre la plupart des problèmes que vous pourriez rencontrer avec votre PC. Si un problème persiste, n'hésitez pas à demander de l'aide sur les forums ou à contacter le support technique du fabricant de vos composants. La clé est de rester patient et méthodique dans votre approche du dépannage.

14. Optimisation des Performances

Une fois votre PC assemblé et fonctionnel, vous pouvez tirer encore plus de performances de votre système grâce à l'optimisation. Cela inclut l'overclocking du processeur (CPU) et de la carte graphique (GPU), l'ajustement des paramètres du BIOS, et l'utilisation de logiciels gratuits pour booster les performances. Voici comment procéder.

Overclocking du CPU et du GPU : Guide pour Augmenter les Performances sans Frais Supplémentaires

1. Overclocking du CPU

   - Comprendre l'Overclocking :

     - L'overclocking consiste à augmenter la fréquence d'horloge du processeur au-delà de ses spécifications d'usine pour améliorer ses performances. Cela se fait généralement dans le BIOS ou via des logiciels spécifiques.

     - Avant de commencer, assurez-vous que votre processeur et

votre carte mère prennent en charge l'overclocking (les processeurs Intel avec un suffixe "K" et les processeurs AMD Ryzen sont généralement overclockables).

- Accéder au BIOS pour Overclocker :

  - Redémarrez votre PC et accédez au BIOS en appuyant sur la touche "Delete" ou "F2" pendant le démarrage. Une fois dans le BIOS, recherchez les options d'overclocking sous les menus "OC" ou "Tweaker".

  - Augmentez progressivement le multiplicateur du CPU, qui contrôle la fréquence d'horloge. Par exemple, si votre processeur fonctionne à 3.6 GHz (36x100 MHz), essayez d'augmenter le multiplicateur à 37 pour obtenir 3.7 GHz.

- Tester la Stabilité :

  - Après chaque ajustement, enregistrez les modifications

dans le BIOS et redémarrez votre PC. Utilisez un logiciel de test de stabilité comme Prime95 ou AIDA64 pour vérifier si le système reste stable sous charge. Si le PC plante ou si des erreurs apparaissent, revenez au BIOS et réduisez légèrement l'overclock ou augmentez la tension du CPU de manière prudente.

- Surveiller les Températures :

  - L'overclocking augmente la chaleur générée par le CPU. Utilisez un logiciel comme HWMonitor ou Core Temp pour surveiller les températures. Si le CPU dépasse 85°C sous charge, réduisez l'overclock ou améliorez le refroidissement.

2. Overclocking du GPU

- Utiliser des Logiciels d'Overclocking :

  - Pour overclocker votre carte graphique, des logiciels comme MSI Afterburner ou EVGA Precision X1 sont couramment utilisés. Ces outils permettent de modifier la fréquence d'horloge du GPU et la vitesse de la mémoire, ainsi que de contrôler la courbe de ventilation pour une meilleure gestion de la température.

- Commencez par augmenter légèrement la fréquence d'horloge du GPU (par incréments de 10-20 MHz) et testez la stabilité avec un outil comme 3DMark ou Unigine Heaven. Continuez à augmenter jusqu'à ce que vous atteigniez la limite de stabilité.

- Optimiser les Paramètres de la Mémoire :

  - De la même manière, augmentez progressivement la fréquence de la mémoire vidéo (VRAM) pour améliorer les performances graphiques. Les gains peuvent être significatifs dans les jeux ou les applications 3D.

- Surveiller la Température et la Stabilité :

  - Comme pour le CPU, surveillez les températures du GPU pendant l'overclocking avec MSI Afterburner. Assurez-vous que les températures restent en dessous de 85°C pour éviter les dommages à long terme.

Optimisation du BIOS et des Paramètres Système

1. Optimisation du BIOS

   - Activer le XMP pour la RAM :

     - La plupart des modules de RAM peuvent fonctionner à une fréquence plus élevée que celle par défaut grâce aux profils XMP (Extreme Memory Profile). Activez le profil XMP dans le BIOS pour tirer le meilleur parti de votre RAM. Cela augmentera la fréquence de la RAM pour correspondre à ses spécifications maximales.

- Ajuster les Paramètres d'Alimentation :

  - Dans le BIOS, réglez les paramètres d'alimentation pour optimiser les performances. Par exemple, activez l'option "Performance Mode" ou "High Performance" pour garantir que le CPU fonctionne à pleine capacité lorsque nécessaire.

- Configurer l'Ordre de Démarrage :

  - Assurez-vous que le disque principal (où le système d'exploitation est installé) est configuré comme premier périphérique de démarrage pour accélérer le démarrage du PC.

2. Optimisation des Paramètres Système

- Configurer Windows pour les Performances :

  - Allez dans les paramètres de Windows, puis dans "Système" > "Alimentation et mise en veille" > "Paramètres d'alimentation supplémentaires".

Sélectionnez "Haute performance" pour garantir que le système utilise toute la puissance disponible.

- Désactivez les effets visuels inutiles (comme les animations) en allant dans "Système" > "Paramètres avancés du système" > "Paramètres de performance" et en choisissant "Ajuster pour obtenir les meilleures performances".

- Mettre à Jour les Pilotes :

  - Assurez-vous que tous les pilotes de votre système sont à jour, en particulier ceux du GPU et du chipset. Des pilotes à jour peuvent offrir des optimisations de performance et résoudre des problèmes de compatibilité.

Logiciels Gratuits pour Booster les Performances

1. Utilitaires de Nettoyage Système

- CCleaner :

- Ce logiciel gratuit permet de nettoyer les fichiers temporaires, de gérer les programmes au démarrage, et de réparer les erreurs de registre. Un système propre et bien entretenu fonctionne généralement de manière plus fluide.

- Defraggler (pour les HDD) :

  - Pour les disques durs (HDD), la défragmentation peut améliorer les temps d'accès aux fichiers. Defraggler est un outil gratuit qui permet de défragmenter efficacement les disques durs. Cependant, cela n'est pas nécessaire pour les SSD.

2. Gestion de la Mémoire et des Programmes

- RAMMap :

  - Cet utilitaire de Microsoft permet de visualiser et de gérer l'utilisation de la mémoire. Il peut être utile pour identifier les programmes gourmands en mémoire et libérer des ressources.

- Autoruns :

  - Cet outil de Microsoft permet de voir tout ce qui démarre avec Windows et de désactiver les programmes inutiles, ce qui peut accélérer le démarrage de votre PC et libérer des ressources.

3. Optimisation des Jeux Vidéo

- Razer Cortex :

  - Ce logiciel gratuit optimise les performances de votre PC pour les jeux en fermant automatiquement les processus non essentiels et en libérant des ressources système. Il peut améliorer les FPS (images par seconde) dans les jeux exigeants.

- NVIDIA GeForce Experience / AMD Radeon Software :

  - Ces outils fournis par les fabricants de GPU optimisent automatiquement les paramètres de vos jeux pour une meilleure performance et mettent à jour les pilotes graphiques.

En utilisant ces techniques et outils, vous pouvez maximiser les performances de votre PC sans frais supplémentaires. L'overclocking et l'optimisation des paramètres système peuvent faire une grande différence, surtout pour les jeux et les applications exigeantes. Il est important de surveiller régulièrement votre système pour garantir qu'il fonctionne à son plein potentiel tout en restant stable et fiable.

15. Conclusion

Maintenant que vous avez assemblé et optimisé votre PC, il est important de penser à l'entretien régulier et aux mises à jour pour garantir sa longévité et ses performances. Voici quelques conseils pour entretenir votre PC, mettre à jour ses composants au fil du temps, et envisager des améliorations futures.

Entretien de votre PC

1. Nettoyage Régulier

- Nettoyer l'Intérieur du Boîtier :

  - La poussière peut s'accumuler rapidement à l'intérieur de votre boîtier, réduisant l'efficacité du refroidissement et augmentant les températures des composants. Il est recommandé de nettoyer l'intérieur de votre PC tous les trois à six mois.

  - Utilisez de l'air comprimé pour dépoussiérer les ventilateurs, le dissipateur du CPU, les filtres à poussière, et les coins du boîtier. Assurez-vous de le faire dans un endroit bien ventilé.

- Nettoyage des Périphériques :

  - Le clavier, la souris, et l'écran peuvent également accumuler de la poussière et des traces de doigts. Nettoyez-les régulièrement avec un chiffon doux et sec, ou légèrement humidifié pour les surfaces plus sales.

2. Mises à Jour Logicielles

- Mises à Jour du Système d'Exploitation :

  - Assurez-vous que votre système d'exploitation est toujours à jour avec les derniers correctifs de sécurité et les nouvelles fonctionnalités. Cela garantit non seulement la sécurité, mais aussi la compatibilité avec les logiciels et les jeux récents.

- Mises à Jour des Pilotes :

  - Les pilotes, en particulier ceux de la carte graphique et du chipset de la carte mère, doivent être régulièrement mis à jour pour optimiser les performances et résoudre d'éventuels problèmes. Utilisez les outils fournis par les fabricants, comme GeForce Experience pour les cartes NVIDIA ou Radeon Software pour les cartes AMD.

3. Vérification de la Santé des Composants

- Surveillance des Températures :

  - Utilisez des logiciels comme HWMonitor ou Core Temp pour surveiller régulièrement les températures de votre CPU, GPU, et autres composants critiques. Des températures élevées constantes peuvent indiquer un problème de refroidissement qui nécessite une intervention.

- Vérification de l'Intégrité des Disques :

  - Utilisez des outils comme

CrystalDiskInfo pour surveiller l'état de vos disques durs et SSD. Cet outil vous avertira si un disque montre des signes de défaillance imminente, vous donnant ainsi le temps de sauvegarder vos données et de remplacer le disque si nécessaire.

Mise à Jour des Composants

1. Quand et Pourquoi Mettre à Jour

- Besoins Croissants en Performances :

  - Si vos besoins en performance augmentent (par exemple, pour les jeux plus récents ou des logiciels de création plus gourmands), il peut être temps de mettre à jour certains composants comme le GPU ou d'ajouter de la RAM.

- Obsolescence Technologique :

  - La technologie évolue rapidement, et certains composants peuvent devenir obsolètes après quelques années. Par exemple, un processeur ou une carte graphique plus anciens peuvent limiter les performances de votre système avec des logiciels ou des jeux plus récents.

- Amélioration du Stockage :
  - Si vous manquez d'espace de stockage ou si vous souhaitez passer à des solutions plus rapides, envisagez d'ajouter un SSD supplémentaire ou de remplacer un disque dur par un SSD.

2. Composants à Mettre à Jour

- Carte Graphique (GPU) :
  - Le GPU est souvent l'un des premiers composants à être mis à jour, surtout pour les joueurs ou les créateurs de contenu. Une nouvelle carte graphique peut offrir des performances graphiques nettement améliorées.

- RAM :
  - Ajouter plus de RAM ou passer à des modules plus rapides peut améliorer les performances globales, surtout pour le multitâche ou les applications gourmandes en mémoire.
- Processeur (CPU) :
  - Si vous utilisez encore un processeur de plusieurs générations en arrière, une mise à jour peut apporter une amélioration significative des performances, notamment pour les tâches CPU-intensives comme le montage vidéo ou le rendu 3D.
- Refroidissement :
  - Si vous décidez d'overclocker davantage ou si votre système chauffe trop, une mise à jour du système de refroidissement (passage à un refroidissement liquide ou ajout de ventilateurs supplémentaires) peut être

nécessaire.

Conseils pour les Améliorations Futures

1. Planification de l'Upgrade

- Compatibilité :

  - Avant d'acheter un nouveau composant, assurez-vous qu'il est compatible avec votre carte mère et votre alimentation existantes. Par exemple, une nouvelle carte graphique plus puissante peut nécessiter une alimentation avec plus de puissance ou de connecteurs supplémentaires.

- Prévoir l'Avenir :

  - Lorsque vous mettez à jour un composant, pensez aux futurs besoins. Par exemple, choisir une alimentation plus puissante dès le départ peut faciliter les mises à jour futures sans avoir à remplacer le PSU à chaque fois.

- Suivi des Nouveautés :

- Restez informé des nouvelles technologies et des prochains lancements de produits. Parfois, attendre quelques mois pour une nouvelle génération de composants peut vous offrir de meilleures performances pour un prix similaire.

2. Équilibrer le Budget et les Performances

- Meilleur Rapport Qualité/Prix :

    - Ne cherchez pas toujours le composant le plus cher ou le plus récent. Parfois, un modèle de la génération précédente offre un meilleur rapport qualité/prix tout en offrant des performances suffisantes pour vos besoins.

- Éviter le Surinvestissement :

    - Mettez à jour les composants en fonction de vos besoins réels. Par exemple, si vous ne jouez qu'occasionnellement ou que vous n'utilisez pas d'applications très exigeantes, un GPU milieu de gamme pourrait suffire, même si un modèle haut de gamme est disponible.

3. Prévoir les Nouveaux Accessoires

- Périphériques :

    - Au fur et à mesure que vous améliorez les composants internes de votre PC, pensez aussi aux périphériques. Une nouvelle souris gaming, un clavier mécanique, ou un moniteur avec un taux de rafraîchissement plus élevé peut également améliorer votre expérience utilisateur.

En suivant ces conseils pour l'entretien, les mises à jour, et les améliorations futures de votre PC, vous vous assurez de maximiser la durée de vie et les performances de votre système. Un PC bien entretenu et mis à jour régulièrement peut continuer à offrir des performances élevées pendant de nombreuses années, vous permettant de profiter pleinement de votre investissement initial.

Annexes

Glossaire des Termes Techniques

- BIOS (Basic Input/Output System) : Logiciel de bas niveau qui initialise les composants matériels de l'ordinateur lors du démarrage et permet d'accéder aux paramètres du système.

- CPU (Central Processing Unit) : Processeur principal de l'ordinateur qui exécute les instructions des logiciels et gère les tâches courantes.

- GPU (Graphics Processing Unit) : Processeur dédié au rendu graphique, utilisé principalement pour les jeux, le montage vidéo, et les applications 3D.

- RAM (Random Access Memory) : Mémoire vive utilisée pour stocker temporairement les données des programmes en cours d'exécution, permettant un accès rapide.

- SSD (Solid State Drive) : Disque de stockage à mémoire flash, plus rapide que les disques durs traditionnels (HDD), utilisé pour stocker le système d'exploitation et les fichiers importants.

- PSU (Power Supply Unit) : Alimentation de l'ordinateur qui fournit l'énergie nécessaire à tous les composants.

- Overclocking : Processus d'augmentation de la fréquence d'horloge du CPU ou du GPU au-delà des spécifications d'usine pour améliorer les performances.

- XMP (Extreme Memory Profile) : Profil de mémoire qui permet d'overclocker automatiquement la RAM à sa vitesse maximale supportée.

- SATA (Serial ATA) : Interface utilisée pour connecter les disques durs et les SSD à la carte mère.

- PCIe (Peripheral Component Interconnect Express) : Interface rapide utilisée pour connecter des composants comme les cartes graphiques, les SSD NVMe, et d'autres cartes d'extension à la carte mère.

- CMOS (Complementary Metal-Oxide Semiconductor) : Technologie utilisée pour les petites batteries sur la carte mère qui alimentent le BIOS lorsqu'il est hors tension, maintenant les réglages de configuration.

- Thermal Throttling : Réduction automatique de la vitesse du CPU ou du GPU pour éviter la surchauffe, généralement due à une mauvaise gestion du refroidissement.

Check-list Finale Avant Démarrage

1. Préparation et Assemblage

   - Tous les composants sont correctement installés (CPU, RAM, GPU, SSD/HDD, PSU).

   - Le boîtier est bien organisé, avec une bonne gestion des câbles pour un flux d'air optimal.

   - Les ventilateurs sont correctement orientés pour l'entrée et la sortie d'air.

   - La pâte thermique est appliquée (si nécessaire) et le système de refroidissement est bien fixé.

2. Connexions

   - Le câble d'alimentation 24 broches est connecté à la carte mère.

   - Le câble d'alimentation CPU (8 ou 4

broches) est connecté près du processeur.

- Les câbles d'alimentation PCIe sont connectés à la carte graphique.

- Les disques durs et SSD sont connectés avec des câbles SATA (données et alimentation).

- Les câbles des ventilateurs sont connectés aux en-têtes appropriés sur la carte mère.

3. Vérifications Initiales

- Le PC est branché à une prise électrique fonctionnelle.

- Le moniteur est connecté à la sortie vidéo de la carte graphique et alimenté.

- Le clavier et la souris sont branchés dans les ports USB.

4. Premier Démarrage

- Le bouton d'alimentation est branché correctement et fonctionne.

- Le PC démarre sans bips d'erreur (ou le bon nombre de bips) et affiche le

BIOS.

- Tous les composants (RAM, CPU, GPU, SSD/HDD) sont détectés dans le BIOS.

- Les températures des composants sont dans les limites normales dans le BIOS.

5. Installation du Système d'Exploitation

- La clé USB bootable avec l'OS est prête et sélectionnée comme premier périphérique de démarrage.

- Le système d'exploitation s'installe sans erreur.

- Les pilotes sont installés après l'installation de l'OS.

6. Finalisation

- Tous les logiciels de monitoring (pour la température, l'overclocking, etc.) sont installés.

- Le PC est stable après plusieurs heures de fonctionnement.

- Toutes les mises à jour de Windows/Linux et des pilotes sont installées.

Cette annexe complète le guide et sert de référence rapide pour les termes techniques, les comparaisons de composants, et une check-list pour s'assurer que votre PC est prêt à l'emploi. Suivre ces étapes garantit une installation réussie et un démarrage en toute confiance de votre nouveau PC.